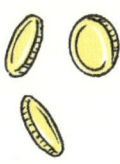

지은이 이즈미 미치코
어린이 경제교육연구실 대표이자 시코쿠대학 겸임교수. 돈에 대해 잘 모르는 어린이뿐 아니라 성인들을 대상으로 전국 각지에서 경제 교육 및 강연을 하고 있다. 어린이와 성인을 위한 경제 도서를 다수 집필했다.

감수 사와 다카미쓰
현 교토대학 명예교수이자 경제학 박사. 경제 이론에 대한 폭넓은 저작 활동을 하고 있다. 저서로는 《경제학이란 무엇인가》, 《사와 교수 최초의 경제 강의》 등이 있다.

번역 신현호
단국대학교 경제학과를 졸업하고 일본 와세다대학교 대학원에서 상학석사 학위를 취득했다. (주)일본경제연구소 소장을 역임했고, 한일정보교류 지킴이 '나루지기'를 주재하며 전문 번역가로 활동 중이다. 옮긴 책으로 《빅데이터를 지배하는 통계의 힘》, 《만화로 배우는 재무회계》 등이 있다.

아이를 위한,
돈이란 무엇인가

12SAI NO SHOJYO GA MITSUKETA OKANE NO SHIKUMI
Copyright ⓒ 2020
by Michiko Izumi, Sakino Mizumoto, Modoroka, Takamitsu Sawa
Original Japanese edition published by Takarajimasha,Inc.
Korean translation rights arranged with Takarajimasha,Inc.
throught Danny Hong Agency.
Korean translation rights ⓒ 2021 by Gilbut Publishers

이 책의 한국어판 저작권은 대니홍 에이전시를 통한 저작권사와의 독점 계약으로 ㈜도서출판 길벗에 있습니다. 저작권법에 의해 한국 내에서 보호를 받는 저작물이므로 무단전재와 복제를 금합니다.

경제적 자유로 이끄는 초등 경제 바이블

아이를 위한,
돈이란 무엇인가

이즈미 미치코 지음 | 사와 다카미쓰 감수 | 신현호 옮김

길벗

[시작하며]
열두 살 소녀의 리포트를 책으로 내다

　　2000년 '어린이 경제교육연구실'을 설립한 이래, 저는 부모와 아이들이 함께 참가하는 돈 관련 세미나와 이벤트를 개최하고 있습니다. 교육 관계자들에게 경제 교재를 제공하는 일도 꾸준히 하고 있죠. 어린이들이 경제를 쉽게 이해할 수 있도록 손수 만든 연극 〈달걀과 돈 이야기〉를 상연했으며, 참가자들에게 올바른 돈의 사용법을 생각해 보게 한 후 발표하는 시간도 가졌습니다. 물건의 가격이 어떻게 결정되는지, 수요와 공급은 어떤 관계인지 등 어린이를 대상으로 돈과 경제에 관한 활동을 하는 동안 어느새 20년이란 세월이 훌쩍 지났습니다.

　　정확히 15년 전, '여름방학, 어린이를 위한 돈 세미나'에서 맨 앞자리에 앉아 열심히 메모하던 초등학교 6학년 어린 소녀의 모습이 기억에 남아 있습니다. 얼마 후 그 아이가 '여름방학 자유 연구 발표회'에서 〈물건값에 대해 생각하다〉라는 주제로 보고서를 작성해 문부과학성 장관 장려상을 받았더군요. 아이의 어머니가 그 소식을 알려주고자 복사본을 들고 사무실에 들르셨습니다.

열두 살 소녀 구타니 리사가 쓴 리포트를 읽고 깜짝 놀란 저는, 중·고등학교 선생님들뿐 아니라 경제학자들 모임에서 리사의 리포트를 소개했습니다. 모두 하나같이 칭찬을 아끼지 않던 모습이 아직도 눈에 선합니다.

2019년, 다카라지마출판사의 편집자 시부야 유스케 씨가 리사의 리포트를 보았습니다. 그는 "어린아이다운 감성과 목숨의 가격까지 궁금해하는 진지함, 정말 멋지네요. 이 내용을 꼭 책으로 만들어 봅시다!"라며 의지를 불태웠습니다. 리포트를 작성하던 당시 열두 살 소녀, 지금은 어엿한 사회인이 되었을 구타니 리사의 소재를 곧바로 추적했지요. 마침내 리사와 14년 만에 재회해 이 책을 출판하는 데 동의를 얻어냈습니다.

초등학교 6학년 어린 소녀의 '물건값'에 대한 소박한 관심에서 출발한 이 책은 추가적인 조사 학습의 결과물을 더해 완성했습니다. 대학의 경제학도들보다 뛰어날지언정 절대 뒤지지 않을 사고력, 판단력, 표현력(최근 교육에서 강조하는 학력의 3요소)을 발휘해 완성시킨 이 역작은 독자 여러분에게 신선한 감동을 불러일으키리라 믿어 의심치 않습니다.

  참고로 구타니 리사가 직접 연필로 작성한 리포트의 멋과 운치를 가급적 해치지 않으려 최대한의 노력을 기울였습니다. 어린아이만이 표현할 수 있는 그 느낌이 온전히 전달되었으면 하는 바람 때문이지요. 아울러 사와 다카미쓰 경제학자께서 감수해 주셨다는 사실도 이 자리를 빌려 밝혀 드립니다.

어린이 경제교육연구실 대표
이즈미 미치코

물건값에 대해 생각하다

　이 책은 제23회 전국 초중학생 작품 콩쿠르(아동문화교육연구소 주최)에서 문부과학성 장관 장려상을 수상한 〈물건값에 대해 생각하다〉라는 보고서를 각색해 제작했습니다. 놀랍게도 당시 초등학교 6학년이던 구타니 리사 어린이가 출품한 작품이었지요.
　경제의 기본 개념인 '물건값'을 아이다운 천진난만한 감성으로 분석해 극찬을 받은 이 작품은 어린이 경제교육연구실 대표인 이즈미 미치코 씨의 손을 거쳐 경제 입문서로 재탄생했습니다. 돈과 경제에 대해 잘 모르는 어린이는 물론 어른들도 쉽고 재미있게 접근할 수 있도록 만들었지요.
　참고로 원안인 〈물건값에 대해 생각하다〉를 쓴 시점은 2005년입니다. 정보나 경제 구조 등 당시와 차이가 있는 부분은 최신 내용으로 가다듬었습니다.

이 책의 특징

각 부는 'Story', '해설', '저자와 열두 살 리사의 경제 대화' 등으로 구성되어 있습니다.

가구라 클레어라는 초등학교 6학년 소녀의 다양한 체험을 이야기 형식으로 풀어 돈에 대해 누구든 쉽게 배울 수 있다는 점이 이 책의 특징입니다.

Story

원안에서 'Story' 부분은 귀엽고 익살스러운 일러스트와 문장으로 구성되어 있습니다. 이 책에서는 그 부분을 만화로 재구성해 자연스럽게 이야기에 몰입할 수 있도록 했습니다.

해설

원안을 바탕으로 하되, 한층 더 이해하기 쉽도록 최신 정보를 반영했습니다. 문장도 깔끔하게 가다듬었지요. 원안의 그림이 주는 느낌을 최대한 살리면서 정교하게 다듬은 일러스트도 배치했답니다.

저자와 열두 살 리사의 경제 대화

원안의 '내 생각과 느낌'이라는 제목과 내용을, '저자와 열두 살 리사의 경제 대화'라는 제목으로 바꾸고 내용은 두 사람이 대화를 나누는 형식으로 재현했습니다. 현재 상황에 맞게 내용도 재구성했답니다.

등장인물
Character

가구라 클레어

도쿄시에 사는 초등학교 6학년 소녀. 일본인 아버지와 프랑스인 엄마 사이에서 태어났어요. 매사 서두르지 않고 여유롭게 임하는 성격이며, 어떤 일이든 깊게 생각하고 신중한 편이에요.

가구라 플로렌스

클레어의 엄마. 프랑스인이에요. 모델 일을 하면서 여러 방면에서도 활동 중이랍니다. 하고 싶은 말이 있으면 앞뒤 가리지 않고 확실히 말하는 타입이지요.

가구라 피에르

클레어의 오빠. 중학교 2학년이에요. 곱슬머리를 빼고는 엄마를 닮은 편이죠. 무슨 일에든 호기심이 매우 많으며 머리 회전이 빠르답니다.

가구라 나오

클레어의 아빠. 변호사예요. 사소한 것에 별로 신경 쓰지 않는 타입이죠. 모든 사람이 혀를 내두를 정도로 손재주가 없어요.

가구라 야스시

클레어의 삼촌. 군마현에 있는 시골 마을에 살고 있어요. 양배추로 유명한 쓰마고이 마을의 농협에서 농산물 관리부 부장으로 근무하고 있습니다.

포치

야스시 삼촌 집에서 키우고 있는 강아지. 클레어에게 무조건적인 사랑을 받고 있어요.

차례
Contents

시작하며 열두 살 소녀의 리포트를 책으로 내다 4
물건값에 대해 생각하다 7
이 책의 특징 8
등장인물 10

1장. 가격은 어떻게 정해지고 왜 변동할까
만화 ① 쓰마고이 마을의 양배추 18
01 경매로 가격이 정해진다고? 30
02 수요와 공급 36
03 값이 정해지는 법 45
04 인플레이션, 디플레이션 50

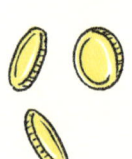

2장. 같은 물건도 가격이 다를 수 있어
Story 어디서 사는 게 더 낫지? 59
01 가격을 정하는 다양한 방법 62
02 재정거래란? 68
칼럼 ① 브랜드 제품의 가치 76

3장. 자연에도 가격이 붙을까
만화② 공기가 희소하다면 82
01 경치, 공기, 물의 가격 85
02 쓰레기를 버리는 가격 90
칼럼② 버린 돈에 따라붙은 거액의 이자 청구서 98

4장. 시간과 생명을 살 수 있을까
Story 시간을 살 수 있을까? 105
01 시간의 가격 107
만화③ 반려동물의 목숨 118
02 목숨의 가격 127
03 장기의 가격 134

5장. 나라마다 돈이 다른데 어떻게 비교할까
01 세계의 물가 144
칼럼③ 하루에 1달러 이하로 생활하는 개발도상국의 어린이들 150

6장. 노동의 가격
만화 ④ 집안일을 대신해줬으면 좋겠어! 156
01 가사노동의 가격 158
02 세계의 급료 165
칼럼 ④ 옷을 싼값에 팔 수 있었던 진짜 이유 170

7장. 판매자를 통해 보는 돈의 구조
만화 ⑤ 미끼 상품이라는 게 뭐지? 176
01 광고, 홍보, 비가격경쟁 180
칼럼 ⑤ E 커머스 190

8장. 구매자를 통해 보는 돈의 구조
Story 느끼는 가치는 사람마다 제각각 197
01 효용과 가격 199
칼럼 ⑥ 전자화폐 207

Special 인터뷰 어른이 된 리사 × 저자 이즈미 미치코 210
마치며 뒤바뀐 나의 선입견 215

1장

가격은 어떻게 정해지고 왜 변동할까

① 경매로 가격이 정해진다고?

② 수요와 공급

③ 값이 정해지는 법

④ 인플레이션, 디플레이션

01 경매로 가격이 정해진다고?

경매는 시장에서 이루어집니다. 이 사실을 모르는 사람은 없겠지요? 하지만 채소가 우리 주변으로 도달하는 방법은 경매 외에도 여러 가지 경로가 있어요. 쓰마고이 마을의 양배추를 예로 들어 그 과정을 순서에 따라 설명해 볼게요. 그럼, 채소와 함께 하는 여행을 떠나 볼까요?

채소 가격의 결정

생산자는 수확하는 날 하루 전까지 수확할 수 있는 양배추의 수량을 농협에 전달합니다. 생산자에게 연락을 받은 농협은 마찬가지로 수확하는 날 하루 전까지 시장의 도매업체와 정보를 계속 주고받죠. 그러다 출하량이 최종적으로 결정되면 가격이 정해집니다. 양배추값은 시기

농협에서 일하는 야스시 삼촌

이 일은 나도 하고 있어요.

에 따라 달라지는데, 1상자 값이 최대 1만 원 이상 차이가 나기도 해요.

※ 최근에는 가격이 비교적 안정적인 편입니다.

이러한 차이는 수요와 공급과 밀접한 관련이 있습니다. 자세한 내용은 뒤(36쪽)에서 설명할게요.

양배추가 우리에게 도달하는 경로를 살펴보면, 시장을 거치지 않을 때도 있습니다. 슈퍼마켓 등이 생산지와 산지 직송 계약을 하면 생산지에서 직접 양배추를 가져다주지요. 이런 경우 농협(또는 생산자)과 슈퍼마켓이 직접 교섭을 벌여 가격을 정합니다.

생산자는 판매한 양배추값을 농협에서 받습니다. 운송할 트럭을 선정하는 일은 농협에서 하지만, 양배추를 운송하는 비용이나 예랭 대금은 생산자가 지급해요. 결국 운송비와 기타 비용 등을 뺀 나머지가 생산자의 수입이 됩니다.

산지 직송 제품을 취급하는 슈퍼마켓

아래 그림을 보면 알겠지만, 농협은 생산자와 시장 사이에서 그 둘을 이어주는 중요한 역할을 합니다.

이제 본래 주제로 돌아가, '시장에서 이루어지는 경매'에 대해 설명해 볼게요.

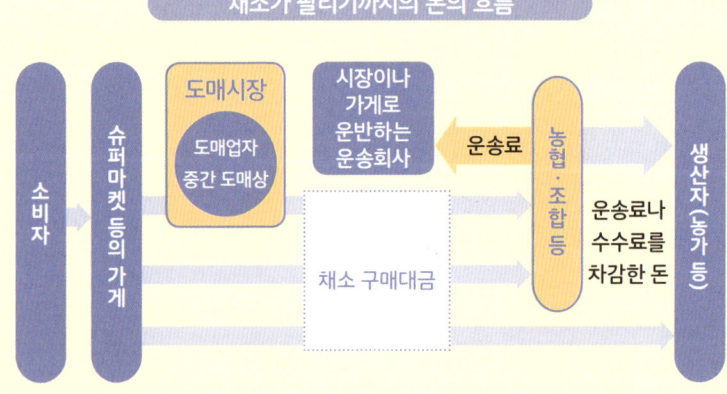

시장으로 배송된 채소는 도매업자에 의해 경매에 부쳐지기도 하고, 직접 매매되기도 합니다. 경매시장에서 채소를 구매하는 사람은 채소 중간 도매상이나 농산물 상인이 대부분이에요. 하지만 슈퍼마켓 등 소매점에서 온 '매매 참가자'라 불리는 사람들도 간혹 직접 구매하기도 합니다. 한 명의 생산자가 수확한 같은 채소라도 우리가 가게에서 사기 전까지는 다양한 경로를 거쳐요. 어떤 경로를 거쳐 왔느냐에 따라 채솟값은 쌀 수도 있고, 비쌀 수도 있습니다.

시장에 온 채소는 경매를 거치기도 하고, 거치지 않기도 해요.

경매가 진행되는 과정

요도바시 시장은 도쿄 신주쿠에 있는 청과물 전문 도매시장입니다. 도쿄 안에 있는 수많은 농산물 상인에게 채소류나 과일 등을 공급하지요.

그럼 먼저 경매에 대해 알아볼까요? 경매는 도매업자를 중심으로 진행됩니다. 도매업자가 맨 처음 최저 입찰가격을 정한 다음 경매를 시작해요. 경매에는 경매 참여 자격이 있는 중간 도매상이나 농산물 상인 그리고 슈퍼마켓 등의 점주들이 참가합니다. 서로 눈치를 보면서 다른 참가자보다 점점 높은 가격을 제시하죠. 그러다

경매에서 행해지는 손가락 표시

더 높은 가격으로 사겠다는 사람이 없으면 최종 가격을 제시한 사람에게 물품을 구매할 권리가 생깁니다. 다시 말해, 경매에 부쳐진 물품은 경매에서 이긴 사람만 살 수 있다는 뜻이지요.

중간 도매상이 경매에서 이기면, 시장 안에 매장을 열고 다른 매입자(농산물 상인, 슈퍼마켓 등의 점주)에게 경매 물품을 판매합니

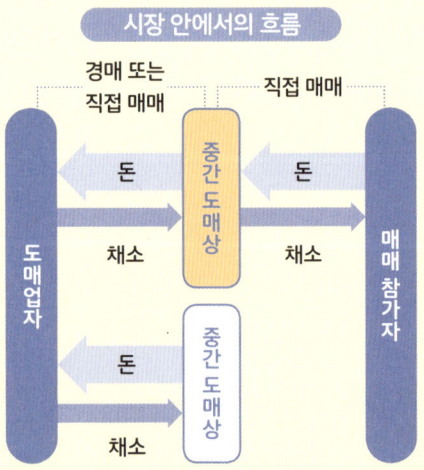

시장 안에서의 흐름

다. 그리고 그 물품을 구입한 매입자는 자신의 가게에서 일반 고객에게 다시 물품을 판매합니다.

인터넷 경매

시장에서 진행하는 경매와 유사한 방법으로 가격을 결정하는 것이 있습니다. 바로 인터넷 경매예요. 팔고자 하는 물건을 인터넷 공간에 올려놓으면 관심 있는 사람들이 경매에 참가합니다. 일반 경매와 마찬가지로 참가자들은 입찰가격을 제시하죠. 정해진 시간 동안 가장 높은 가격을 적은 사람이 경매 물건을 손에 넣을 수 있습니다. 원하는 사람이 많으면 많을수록 최종 낙찰가격은 높게 책정됩니다.

인터넷 경매에 참가하는 사람들은 대체로 '가격이 어느 수준을 넘지 않을 경우 사고 싶다'라는 생각을 합니다. 그런 점이 바로 인터넷 경매를 성립시키는 요인이겠지요.

02 수요와 공급

물건, 특히 채소나 쌀 등의 농산물은
가격이 쉽게 변하는 편이에요.
가격이 오르락내리락하죠.
왜 그렇게 변하는 걸까요?
또 어떤 과정을 거쳐 가격이 정해질까요?

가격이 바뀐다

농산물 가격이 쉽게 변하는 이유는 냉해나 조류독감 같은 사태가 일어나기 때문이에요.. 하지만 그런 일이 발생하지 않더라도 농산물 가격은 오르기도 하고 내려가기도 합니다. 도대체 물건값은 어떻게 정해지는 걸까요?

결정적 요인은 수요와 공급입니다. 수요란 가격을 알고 있는 상태에서 사람들이 사겠다고 마음먹은 물건의 개수입니다.

공급은 가격을 알고 있는 상태에서 물건을 판매하는 사람이

==팔겠다고 생각한 물건의 개수입니다.== 물건을 판매하는 사람은 다 팔지 못해 물건이 남으면 곤란할 거예요. 반대로 금방 물건이 다 팔려도 곤란할 겁니다. 나중에 물건을 사러 온 고객에게 불편을 끼치는 일이기 때문이지요.

물건을 다 팔지, 다 못 팔지는 판매하는 사람이 정하는 가격에 따라 달라집니다. 만약 물건을 팔다가 남으면 파는 사람은 당연히 가격을 낮추려고 할 거예요. 가격을 낮추면 남는 물건의 개수가 줄어들 테니까요. 반대로 물건을 많이 팔아서 남는 게 거의 없다면 파는 사람은 분명 가격을 올리고 싶은 마음이 생기겠죠? 이처럼 판매하는 사람이 물건의 가격을 조정함으로써 남는 개수도, 모자라는 개수도 줄어들게 됩니다.

물건값이 싸지는 두 가지 예

사고자 하는 사람(수요)보다 물건(공급)이 많으면 값은 싸집니다. 두 가지 예를 들어 설명할게요.

① 공급이 많을 때

양배추가 풍작인 해는 공급되는 양배추의 양이 많아지므로 수요(사고자 하는 사람)보다 공급(물건)이 훨씬 많아져 가격이 싸집니다.

● 공급이 많을 때의 예

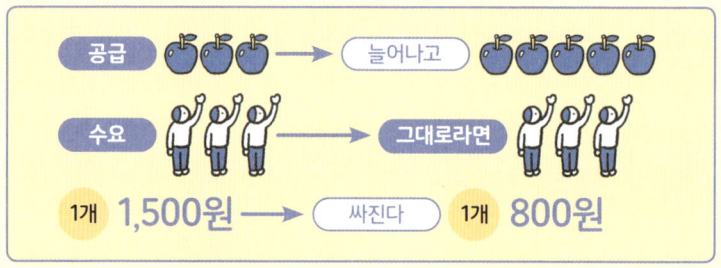

| ② 수요가 적을 때 | 상품이 인기가 없으면 사는 사람이 적어요. 그래서 팔고자 하는 사람은 가격을 낮춰서라도 더 많은 사람이 사길 바랍니다. |

● 수요가 적을 때의 예

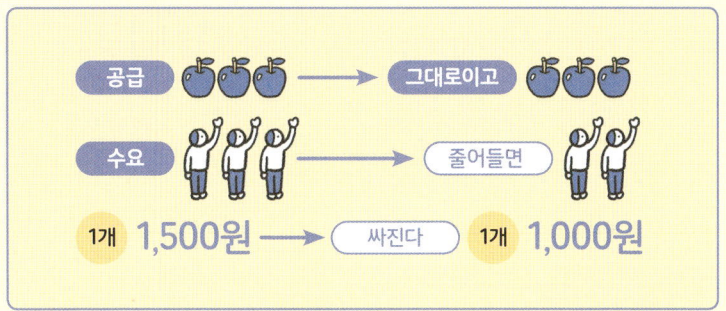

물건값이 비싸지는 두 가지 예

물건(공급)보다 사고자 하는 사람(수요)이 많으면 값은 비싸집니다. 두 가지 예로 설명할게요.

| ① 공급이 적을 때 | 태풍이나 냉해의 영향을 받으면 농산물의 수확량은 감소할 수밖에 없습니다. 그러면 공급이 줄어 물건이 귀해져요. 그래서 가격이 오릅니다. |

● 공급이 적을 때의 예

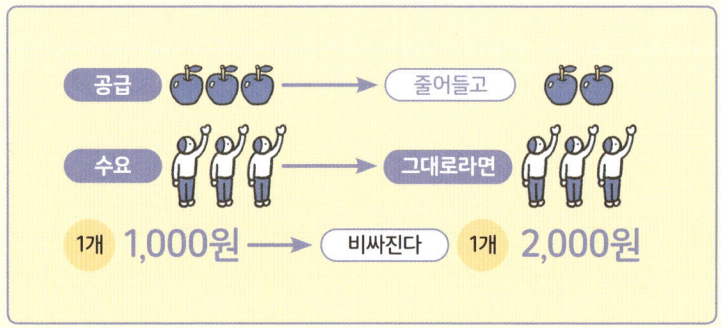

② **수요가 많을 때**

인기가 있어서 사고자 하는 사람이 많은 상품은 아주 잘 팔리겠죠? 당연히 가격이 비싸집니다.

● 수요가 많을 때의 예

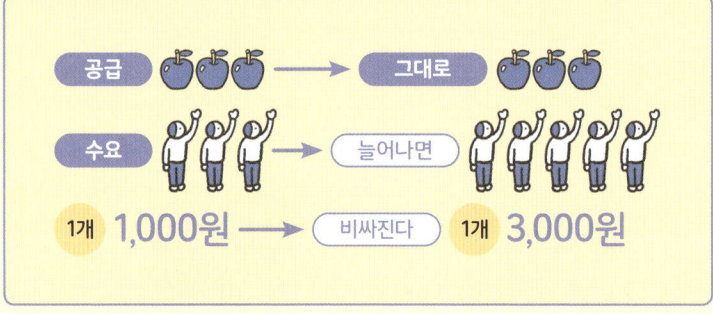

수요·공급 곡선

지금까지 살펴본 내용은 가격이 정해지는 가장 기본적인 방법이에요. 어느 한쪽으로 치우치지 않고 수요와 공급이 균형을 이루는 지점에서 정해지는 가격을 '균형가격'이라고 합니다. 그리고 이 균형가격을 이론적으로 뒷받침하는 것이 수요 곡선과 공급 곡선이에요.

수요 곡선은 사는 쪽의 심리, 공급 곡선은 파는 쪽의 심리를 나타냅니다. 이 두 곡선은 가격 변화 이외의 조건은 모두 동일하다고 가정하는 것이 원칙이에요. 그러므로 값이 정해지면 수요와 공급이 정해지겠죠? 가격이 오르면 수요는 줄고, 공급이 늘어납니다. 반대로 가격이 내려가면 수요가 늘고 공급이 줄어듭니다. 이런 관계를 나타낸 것이 아래 그래프입니다.

두 곡선이 만나는(교차하는) 지점에서 수요와 공급은 똑같아집

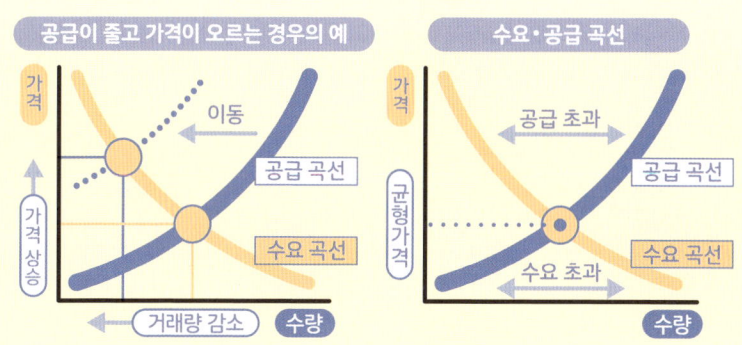

니다. 이처럼 수요와 공급이 똑같아지는 지점(교차 지점)에서의 가격을 균형가격이라고 하지요.

　가격 이외의 조건이 변할 경우 수요 곡선과 공급 곡선은 이동합니다. 예를 들어 어떤 해에 양배추 농사가 흉작이라면 양배추의 공급 곡선은 앞의 그림처럼 왼쪽으로 이동해요. 이때 수요 곡선은 이동하지 않고 제자리에 머물러 있다면 균형가격은 오릅니다. 다시 말해 흉작인 해에는 가격이 오를 수밖에 없습니다.

　반대로 양배추 농사가 풍작이라면 공급 곡선은 오른쪽으로 이동해요. 가격은 내려가죠. 동네 마트나 채소가게에서 똑같은 농산물이라도 수시로 가격이 달라지는 이유는 이와 같은 원리로 균형가격이 변하기 때문입니다.

　수요·공급 곡선의 이동은 대개 외부 조건의 변화 때문에 일어나요. 예를 들어 식습관이 서구화되면 소고기의 수요 곡선은 오른쪽으로 이동하죠. 반대로 채식주의자가 증가하면 소고기의 수요 곡선이 왼쪽으로 이동합니다.

　이처럼 수요·공급 곡선을 이용해 균형가격의 변화를 그림으로 나타내면 가격 변화의 움직임을 한눈에 파악할 수 있겠지요?

저자와 열두 살 리사의 경제 대화
[수요와 공급]

 = 이즈미 미치코(저자)   = 열두 살 리사

양배추가 비쌌던 해에는 엄마가 반쪽짜리 포장 양배추를 많이 사 오셨던 거 같아요. 그런데 다음 해에는 항상 한 통씩 사 오셔서 의아하게 생각했던 적이 있어요.

 아주 좋은 예네요. 풍작인 해에는 공급 곡선이 오른쪽으로 이동하거든요. 다시 말해 공급이 대단히 많아졌다는 뜻이지요.

그래프를 보니 금방 이해가 돼요. 파란색의 공급 곡선이 오른쪽으로 움직이니까 수량이 늘어 균형가격이 떨어진다는 뜻이잖아요.

 정확히 알고 있군요. 이 그래프를 완벽하게 이해하면 평소 경제에 대해 의문스럽게 생각했던 부분이 많이 풀릴 거예요.

수요와 공급에 대해 알아봤는데, 우리 생활과 밀접한 관련이 있어서 그런지 아주 친숙하다는 느낌이 들었어요. 앞으로도 수요와 공급에 관해 더 많은 공부를 해야겠네요.

 예를 들어 오징어나 고등어, 딸기나 토마토 같은 식품으로 바꿔놓고 생각하면 더 재미있을 거예요.

03 값이 정해지는 법

물건은 생산할 때부터 소매점에 진열되기까지
여러 가지 비용이 듭니다.
우리 같은 소비자가 물건을 사기까지 생산자와 상점에서
부담한 비용 등이 값을 결정하는 하나의 요소가 되지요.
도대체 어떤 비용이 드는 걸까요?

가격경쟁의 효과

물건값에는 여러 가지 비용이 포함되어 있습니다.

농산물값
쌀, 보리, 채소 등을 키우는 데
드는 비용
➕ 운송비 ➕ 인건비

생선값
어획(또는 양식)을 하는 데
드는 비용
➕ 운송비 ➕ 인건비

공급자는 우선 이런 비용이 어느 정도 드는지 계산합니다. 그런 다음 다시 목표이익(경영자 자신이나 직원의 인건비)을 더해 값을 정하죠. 그 가격으로 많은 사람들이 구매하면 좋겠지만, 대부분의 상품은 시장 경쟁이 매우 치열해요. 경쟁업체에 뒤지지 않으려면 끊임없이 궁리해야 합니다. 그래서 소비자에게 외면받지 않기 위해 최소한의 비용만 더해 값을 정하는 경우도 적지 않습니다. 그런 시장을 우리는 '완전경쟁시장'이라고 부릅니다.

좋은 상품을, 싼값으로

그러나 다른 회사가 아직 판매한 적이 없는 신제품을 가지고 있다면 어떨까요? 경쟁업체가 없어 시장을 독점할 수 있겠죠? 이때 값을 비싸게 책정하면 상당히 높은 목표이익을 얻을 수 있습니다. 이것을 '독점시장'이라 부릅니다.

값을 높이는 또 다른 방법도 있습니다. 현재 갖고 있는 제품에 약간의 아이디어를 더하거나, 자사 제품이 타사 제품보다 훨씬 뛰어나다는 것을 광고하는 방법이죠. 예를 들어 초콜릿이라면 브랜드 이미지를 고급스럽게 포장해 값을 비싸게 끌어올릴 수 있습니다. 이를 '비가격경쟁'이라고 합니다. 자사 제품이 타사 제품과 다르다는 희소성을 강조함으로써 값을 높이는 방법이지요. 소비자 대부분을 "저렇게 광고하는 걸 보면 분명 좋은 제품일 거야"라고 생각하게 만들면 다소 비싼 가격이더라도 사는 사람은 계속 늘어날 테니까요.

시장 경쟁에서 값이 내려간다

그러나 값을 정할 때 분명 넘어서는 안 될 선이 있습니다. 지나칠 정도로 값을 비싸게 매기는 행위입니다. 터무니없이 비싸면 열에 아홉은 분명 소비자에게 외면당할 테니까요. 따라서 '비가격경쟁'뿐 아니라 '가격경쟁'에서도 뒤지지 않도록 끊임없는 연구가 필요합니다.

상품 가치를 높이는 광고

저자와 열두 살 리사의 경제 대화
〔값이 정해지는 법〕

 = 이즈미 미치코(저자)   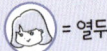 = 열두 살 리사

물건값에는 생산부터 소매점 판매에 이르기까지 들었던 여러 가지 비용이 포함돼 있어요.

 파는 사람이 받고 싶은 만큼 가격을 높이 올려 내놓았을 때 잘 팔리면 그만이지만, 그렇지 않은 경우도 있어요.

소비자는 같은 물건이라면 반드시 값이 싼 데서 사려고 하니까 시장에서는 항상 가격경쟁이 벌어지겠군요.

 소비자 입장에서는 경쟁이 벌어지면 싸게 살 수 있으니 얼마나 기분 좋은 일이겠어요!

반대로 물건을 만드는 회사 입장을 고려하면 참 안 됐다는 생각이 들어요.

 그렇지요. 경쟁 상대보다 더 좋은 물건을, 더 싸게 팔기 위해 끊임없이 노력해야 하니까요.

거리를 걷다 보면 '기간 한정'이라는 문구를 붙여 놓은 가게를 참 많이 봐요. 그것도 소비자로 하여금 '빨리 사야겠군' 하는 마음을 불러일으키기 위해서겠죠?

 맞아요. 그것 역시 비가격경쟁의 일종이랍니다. 회사도 가게도 고객을 끌어모으기 위해 여러 방면으로 궁리한다는 증거죠.

04 인플레이션, 디플레이션

인플레이션과 디플레이션.
둘 다 안심하고 돈을 쓸 수 없는 상태를 말합니다.
구체적으로 어떤 일이 벌어지는 현상이며,
어떤 의미가 담겨 있는지 알아볼까요?

인플레이션이란?

　인플레이션이 발생하면 물건값이 계속 오릅니다. 그래서 똑같은 물건을 사더라도 전보다 더 많은 돈을 내야 하죠. 다시 말해, 돈의 가치가 계속 떨어지는 셈입니다. 하지만 다행히 월급 역시 거의 동일한 수준의 비율로 오릅니다.
　인플레이션은 돈의 값어치가 떨어지는 현상이므로 은행에 맡겨놓은 예금의 가치도 점점 낮아집니다. 그러다 보니 사람들은 예금한 돈을 찾아서 원하는 물건을 사려고 하죠. 지금이라면 10만 원에 살 수 있는 물건이 내년에는 11만 원 정도로 값이 오를 테니까요.

디플레이션이란?

경기가 나빠지면 물건을 팔고 사는 일이 잘 이루어지지 않아요. 그러면 돈의 흐름이 느리고 무거워져 물건값은 물론 월급도 계속 떨어집니다. 바로 그 상태를 '디플레이션'이라고 해요. 물건값이 떨어지면 좋은 일인데, 왜 걱정해야 할까요? 예를 들어 다음과 같은 경우는 꼭 좋다고만 할 수는 없습니다.

A

디플레이션 상황에서는 회사의 매출이 줄어들면서 직원들 월급이 물건값 이상으로 내려갈 때가 있어요. 이럴 경우 물건값이 떨어지더라도 결국 물건을 그전만큼 사지 못하는 상태가 되지요.

B

디플레이션일 때는 물건에 비해 돈의 가치가 높아집니다. 은행에 맡겨놓은 예금의 가치가 올라서 좋지만, 마찬가지로 은행 등에서 빌린 돈(대출금)의 가치 역시 오르게 되죠. 즉 예금 이자가 높아지는 만큼 대출 금리도 올라요.

물건값이 떨어지면서 나타나는 나쁜 영향

저자와 열두 살 리사의 경제 대화
【인플레이션, 디플레이션】

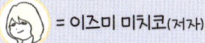 = 이즈미 미치코(저자)   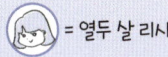 = 열두 살 리사

경제가 인플레이션이나 디플레이션 상황에 빠지면 우리도 안심하고 돈을 쓸 수 없겠군요!

 예를 들면 빌린 돈을 갚는 게 더 힘들어지고, 물건 값은 오르는데 월급은 내려가는 일이 생긴답니다. 경기가 좋든 나쁘든, 안정되지 못한 상태에서는 우리들의 생활이 결코 편할 수 없겠지요.

돈의 가치가 어떻게 바뀌는지 알기 쉽게 생각해 봤는데요, 예를 들어 디플레이션일 때 저금통에 10만 원짜리 지폐를 넣어놓고 한동안 기다리면 어떻게 되나요?

 그 상태에서 디플레이션이 지속되면 10만 원짜리 지폐의 가치는 계속 오르게 될 거예요.

 디플레이션이 오래 이어지면 이전에는 10만 원으로 살 수 없었던 물건도, 이제는 10만 원을 내면 거스름돈을 받을 수 있게 된다, 뭐 그런 뜻이겠군요.

 비유가 기가 막히네요.

 그렇지만 인플레이션이 된다면 10만 원의 가치는 점점 떨어지겠네요?

 디플레이션과 반대로 지금까지 10만 원에 살 수 있었던 물건을 이젠 살 수 없게 되겠지요.

참 신기하고 재밌네요. 인플레이션과 디플레이션을 잘만 이용하면 이득을 볼 수도 있을 테니까요.

 생각나는 게 있으면 예를 들어 한번 말해 볼래요?

인플레이션일 때는 되도록 절약해 돈을 모은다.

디플레이션이 될 때까지 쓰지 않고 기다렸다가 디플레이션이 됐을 때 애지중지 모아두었던 돈을 꺼내 사고 싶은 물건을 산다. 디플레이션 상황이기 때문에 당연히 싼값에 살 수 있다.

그것을 다시 인플레이션이 되었을 때 판다. 이런 식으로 잘만 하면 엄청난 이득을 볼 수 있을지도…. 이런 생각을 해봤습니다.

 이론적으로는 틀린 말이 아니에요. 모든 일이 생각처럼 이루어지지 않는 게 현실이지만요!

2장

같은 물건도 가격이 다를 수 있어

① 가격을 정하는 다양한 방법

② 재정거래란?

Story

어디서 사는 게 더 낫지?

"이제 어쩌지…. 음, 저기 저건 어떨까?"라며 피에르가 손가락으로 가리킨 건 목각으로 된 원앙 인형 한 쌍.
"에이! 그건 아니지"라고 반론을 제기한 클레어.
오늘은 엄마 아빠의 결혼기념일.
클레어와 피에르는 선물을 고르고 있어요.

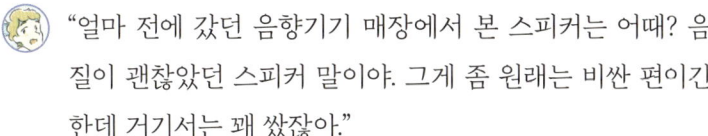
"얼마 전에 갔던 음향기기 매장에서 본 스피커는 어때? 음질이 괜찮았던 스피커 말이야. 그게 좀 원래는 비싼 편이긴 한데 거기서는 꽤 쌌잖아."

"싸기는 쌌지. 괜찮긴 한데, 거기는 왜 싸게 파는 걸까?"

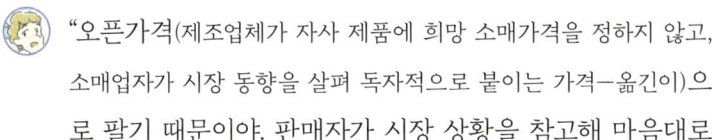
"오픈가격(제조업체가 자사 제품에 희망 소매가격을 정하지 않고, 소매업자가 시장 동향을 살펴 독자적으로 붙이는 가격—옮긴이)으로 팔기 때문이야. 판매자가 시장 상황을 참고해 마음대로

가격을 정할 수 있거든."

 "와~ 그런 게 있구나!"

 "그럼 스피커를 사기로 하고, 그 전에 음악 CD 한 장 사고 가는 게 어때?"

 "그러지 뭐. 이 근방에 금성레코드점이랑 스타음반점이 있는데 어디가 더 쌀까?"

 "음악 CD는 어디든 값이 같아. 재판매가격(생산업자에게 상품을 구매한 판매업자가 그 상품을 다시 팔 때 생산업자로부터 지정받는 가격. 우리나라에서는 공정거래법에 의해 원칙적으로 금지되고 있으나 출판물이나 일간신문 등 지적 창작물의 대해서는 생산을 장려하고자 재판매가격을 명목상 허용하고 있다.-옮긴이)을 유지해야 하거든."

 "뭐, 뭐야. 그게?"

 "레코드 제조업체에서 정해준 가격으로만 팔아야 한다는 뜻이야."

 "에? 인터넷 중고 거래 사이트에선 CD를 싸게 팔던데?"

🧑 "그건 중고물품이니까…. 새 제품은 가격 할인을 할 수 없어. 책도 마찬가지라서 정가로만 팔아야 해(우리나라의 경우 도서정가제를 시행. 책을 최대 10% 할인 판매를 할 수 있다.—옮긴이)."

👧 "아, 그렇구나. 그래서 책은 어느 서점에 가든 가격이 똑같았구나!"

🧑 "이제 알았냐? 그건 그렇고, 그냥 금성레코드점으로 가자!"

👧 "에이~ 난 스타음반점으로 가고 싶은데…."

01 가격을 정하는 다양한 방법

상점에서 판매하는 물건의 가격에는 몇 가지 종류가 있습니다.
이런 가격들은 누가, 어떻게 정하는 걸까요?

가격 설정의 종류

가격을 설정하는 방법에는 어떤 것들이 있을까요? 정리해 봤습니다.

오픈가격

얼마에 판매할지 소매점에서 자유롭게 정할 수 있는 가격입니다.
현재 대부분 이런 방법으로
가격을 설정하고 있어요.

◎ 가전제품, 화장품, 식료품 등

재판매가격(정가)

상품을 생산 또는 판매하는 사업자가 재판매를 위해 미리 정해놓은 가격을 말해요. 따라서 상품을 재판매하는 사업자가 그 가격대로 판매하지 않을 경우 거래 중지 등의 제재를 받을 수 있습니다.

◎ 책, 간행물, 일간신문, 음악 CD 등

공공요금

국가나 자치단체가 정하거나 그곳에서 인가받은 가격을 말합니다.

◎ 수도, 전기, 가스, 우편물, 버스, 철도, 택시 등

저자와 열두 살 리사의 경제 대화
[가격을 정하는 다양한 방법]

 = 이즈미 미치코(저자)   = 열두 살 리사

가격은 물건을 파는 곳에서 자유롭게 정하는 거라고 생각했는데, 사실은 여러 가지 방법으로 정해지고 있었네요.

 그렇습니다. 오픈가격과 재판매가격에 대해 좀 더 상세하게 정리하면 다음과 같아요.

오픈가격

- 슈퍼마켓이나 식당, 전파상, 백화점 같은 소매점이 자유롭게 물건 가격을 정한다.
- 가격을 싸게 매겨 많이 파는 전략(박리다매)을 펼칠지, 가격을 비싸게 매겨 소수에게만 파는 전략(고급화 전략)을 펼칠지 가게가 마음대로 선택할 수 있다.
- 생산자가 도매업자에게 판매하는 가격은 생산자가 정한다.

- 도매상이나 소매점에서 판매하는 가격에 대해 생산자는 절대로 개입하지 않는다.
- 소매점이 할인 판매를 하는 것은 찾아오는 고객을 늘려 '매출 = 가격 × 매출 수량'을 늘리겠다는 전략이다.
- 도매상이나 소매점은 신문 전단이나 인터넷 홈페이지에 할인 판매 광고를 실어 많은 고객을 끌어모으려고 노력한다.

재판매가격

- 출판사나 레코드회사 같은 제조업체가 소매가격을 정할 수 있는 '재판매제도(정확한 용어는 재판매가격 유지 제도)'가 있다.
- 재판매제도의 대상은 책, 잡지, 신문, 음악 소프트웨어(CD) 등이다. (우리나라의 경우 재판매제도의 대상은 출판물과 신문 외에 공정거래위원회가 사전에 지정한 경우로 한정한다. 하지만 공정한 경쟁을 저해한다는 이유로 현재까지 사전에 지정된 경우는 없다.-옮긴이)
- 재판매제도의 장점은 매출액이 안정적이다.
- 서점은 반드시 출판사에서 정해준 정가(도서정가제)로 책을 팔아야 한다.
- 개별적으로 가격을 정하지 않으므로 서점 경영자나 점장이 가격에 대해 고민할 필요가 없다.
- 책 가격은 내용에 따라 정해진다. 사실 책을 꼼꼼하게 읽은 후 가격을 정하는 것은 바쁜 서점 주인에게는 어려운 일이다. 그러므로 책 가격을 출판사가 미리 정해주면 서점 입장에서는 고마운 일이다.
- 할인 판매가 불가능하다.

저마다 좋은 점이 있군요.

 맞아요. 이 두 가지 외에 '권장소비자가격'이라는 가격 결정 방법도 있습니다.

그건 오픈가격하고 어떤 차이점이 있나요?

 물건을 만든 제조업체가 소매점에 '이 정도 가격으로 팔았으면 좋겠다'라고 희망하는 가격을 제시하는 거예요. 다른 말로는 '희망 소매가격'이라고 하지요.

희망… 이라는 말이 붙었다면 따르지 않아도 상관없다는 뜻인가요?

 그렇습니다. 어디까지나 기준이 되는 가격을 제시했을 뿐이니까요. 예전엔 많이 사용하는 방법이었지만, 지금은 점점 사라져서 오픈가격이 일상화되었어요.
흔히 말하는 총판점은 물건을 대량으로 거래하기 때문에 소규모 소매점보다 싸게 물건을 구입해요. 그래서 제조업체의 희망 소매가격보다 낮은 가격으로 판매할 수 있지요.

아! 그래서 대규모 체인 총판점의 물건이 싼 거였군요!

02 재정거래란?

아주 오래전부터 돈을 버는 방법의 기본으로
'재정거래'가 있습니다.
도대체 재정거래는 무엇일까요?
그리고 어떤 방법으로 돈을 벌 수 있는 걸까요?

재정거래로 돈을 버는 방법

재정거래란 싸게 파는 곳에서 물건을 구입한 뒤 비싸게 팔리는 곳에서 물건을 판매해 돈을 버는 방법을 말합니다. 다른 말로, '차익거래'라고도 하지요.

1600년대에 재정거래로 돈을 엄청나게 번 사람이 있습니다. 바로 기노쿠니야 분자에몬입니다. 그는 기후가 온화한 와카야마현의 기슈에서 태어나 자랐어요. 기슈는 옛날부터 귤 산지로 유명한 고장이었습니다. 당연히 귤 가격이 쌀 수밖에 없겠죠. 그는 그점에 착안해 기슈의 귤을 대량으로 사들여 배에 실은 후 태평양의 거센 물살을 뚫고 귤값이 비싼 에도 지방으로 갔습니다.

사실 태평양은 겨울만 되면 풍랑이 많이 일어 배를 띄우는 건 정말 어려운 일이었어요. 그래서 ==겨울에 에도에선 늘 귤 공급량이 부족해 가격이 천정부지로 치솟았죠. 반대로 기슈는 팔다 남은 귤이 넘쳐나 공짜나 다름없었어요.== 이 점을 눈여겨본 분자에몬은 배가 뒤집힐 수 있다는 것도 각오하고 대량의 귤을 실은 배로 태평양을 건너 에도로 갔습니다. 그리고 그곳에서 귤을 팔아 많은 돈을 벌었습니다. 배가 뒤집힐지도 모르는 위험을 감수하며 벌인 재정거래로 엄청난 부자가 된 셈이지요.

값이 같아지는 원리

앞의 경우는 재정거래를 할 때 발생하는 값의 변화입니다. 이번에는 값이 같아지는 방법에 대해 알아볼까요?

A섬과 B섬은 바다를 사이에 두고 서로 인접해 있습니다. 각 섬에는 배를 파는 상인이 한 사람씩 있죠. 하지만 어찌 된 영문인지 A섬에서는 배 1개의 값이 2,000원인데, B섬에서는 1만 원에 팔리고 있습니다. 만약 B섬에 사는 사람들이 이 사실을 안다면 A섬의 배를 사고 싶어 할 거예요.

A섬의 상인은 이 기회를 이용해 돈을 벌어야겠다고 생각합니다. A섬에서 배를 매입해 B섬에서 팔리는 배의 가격보다 조금 싸

게 팔죠. 그러면 B섬에서 배를 파는 상인도 어쩔 수 없이 가격을 내립니다. 그 반대로 A섬의 배 상인은 장사가 무척 잘되다 보니 좀 더 값을 올려야겠다고 생각합니다.

이런 상황이 거듭 되풀이되면서 A섬과 B섬의 배 가격 차이는 점차 줄어들다가 마침내 똑같아집니다. 단, 배편으로 배를 옮기는 데 비용이 들기 때문에 그 비용만큼 두 섬의 배값의 차이는 생깁니다. 하지만 운송비용이 거의 들지 않는다면 이 거래는 배의 값이 똑같아질 때까지 계속되겠지요. 그러다 가격이 완전히 똑같아지면 B섬에서 A섬으로 배를 사러 갈 필요가 없어지게 됩니다.

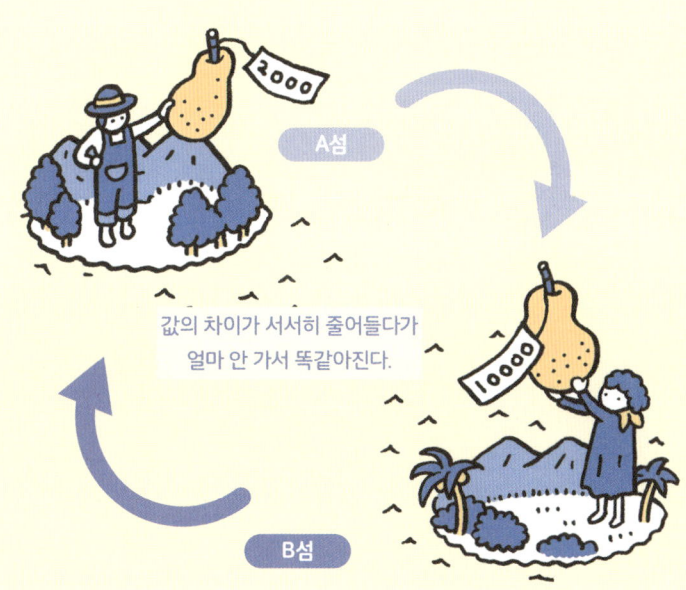

값의 차이가 서서히 줄어들다가 얼마 안 가서 똑같아진다.

가격이 같아지지 않는 경우

후쿠시마현의 복숭아는 맛있기로 유명해요. 산지에서 개당 3,000~4,000원 정도의 가격으로 팔리고 있죠. 그렇다면 같은 시기에 대량 소비지역인 도쿄에서는 후쿠시마현의 복숭아 가격은 얼마일까요? 인근 마트에서 알아보니, 종류에 따라 다르기는 하지만 개당 2,000~3,000원 정도에 팔리고 있습니다. 출하량이 많은 시기에는 값이 더 내려가죠. 반면 질 좋은 복숭아는 더 비싸게 판매되고 있습니다.

도대체 어찌 된 영문이죠? 산지에서 파는 복숭아 가격이 좀 더 비싸네요. 재정거래에 의해 산지와 도쿄의 가격이 거의 똑같아질 수는 있다 하더라도 도쿄에서 더 싸게 팔리다니! 어떻게 이런 일이 생길까요?

의아하겠지만 이런 일은 가끔 벌어집니다. 산지인 후쿠시마현에 비해 도쿄에서 몇 배나 더 많은 복숭아가 팔리기 때문이지요. 예를 들어 전국 체인망을 보유한 대규모 마트는 계약재배를 통해 현지 농가와 직접 대량 거래를 해요. 그러면 매입가를 싸게 맞출 수 있습니다.

특산물의 경우

최근에는 운송과 냉장 기술이 발달해 도시에서도 산지와 다를 바 없이 생선을 신선한 상태로 먹을 수 있습니다. 단, 운송비용이 들기 때문에 도쿄의 생선값은 산지인 홋카이도에 비해 훨씬 더 비싸지요.

산지에서 대량 소비지역으로 생선을 운반할 경우 대량으로 팔리지 않는다면 사실 큰 이득을 남길 수 없습니다. 예를 들어 도미나 참치처럼 대부분 일본 어항(漁港)에서 잡히는 생선과, 고치 지방의 특산물인 니로기(고치 지방에서 잡히는 농어목 만새기과의 바닷물고기—옮긴이)나 오키나와 지방의 특산물인 미준(오키나와에서 잡히는 청어목 청어과의 바닷물고기—옮긴이) 등 출하량이 적은 지방의 특산물이 똑같은 값일 수는 없겠지요. 특산물은 대개 도쿄의 수산물시장에서 경매에 부쳐지는데, 그때마다 높은 가격으로 팔립니다.

<u>동일 지역이라도 가격이 같지 않은 경우도</u> 있어요. 이른바 '<u>관광객 가격</u>'이지요. 홋카이도의 게를 예로 들어 설명해 볼게요. 관광객에게 인기 있는 시장이나 유명 맛집에서 판매하

는 게는 그 지방 사람들이 이용하는 매장의 게보다 대부분 값이 비쌉니다. 똑같은 상품인데도 말이죠. 관광객들은 '홋카이도의 게'라는 사실에 가치를 느끼고 비싸더라도 사먹기 때문이지요. 이처럼 재정거래가 성립하지 않는 경우는 얼마든지 있습니다.

저자와 열두 살 리사의 경제 대화
【재정거래란?】

 = 이즈미 미치코(저자)   = 열두 살 리사

재정거래를 하면 무조건 돈을 벌 수 있을 것 같아요.

저 역시 물건을 만들어 파는 사람이 아니라서 돈을 쓸 때는 '싸게 사서 비싸게 판다'라고 생각하니까요.

이제는 어떤 형태로든 재정거래가 아예 성립되지 않는 걸까요?

그렇다고 할 수 있어요. 생산지역과 소비지역 모두 거의 같은 값으로 팔리고 있으니까요. 물론 질이 좋고 나쁘냐에 따라 값에 차이는 있지만요.

그렇다면 기노쿠니야 분자에몬처럼 재정거래로 부자가 되는 사람은 더 이상 없겠군요.

투자의 세계에는 그와 유사한 방식으로 이익을 남기는 발상이 있으니까, 흥미가 있다면 한번 공부해보는 것도 좋을 거예요.

칼럼 ① 이즈미 미치코

브랜드 제품의 가치
[고가 제품을 통해 보는 돈의 구조]

　값은 시장에서 판매하는 사람들과 구매하는 사람들이 균형을 이루는 지점에서 정해집니다. 그렇다면 이제 고급 브랜드 제품의 공급과 소비자 수요의 관련성에 대해 생각해 봅시다. 혹시 수요 곡선과 공급 곡선이 조금 다르게 움직인다는 사실을 눈치챘나요?

　지금은 누구나 입고 다니는 티셔츠는 1950년대 영화배우 말론 브란도가 영화 속에서 처음 입었어요. 그의 차림새가 인기를 끌자 얼마 안 가 젊은이들의 패션으로 자리 잡게 되었지요. 우리나라에선 1970년대에 젊은이들의 캐주얼 패션으로 정착했습니다.

　그러나 말이 좋아 티셔츠지, 가격 면에서 보면 수천에서 수십만 원에 이를 만큼 차이가 매우 큽니다. 일례로 프랑스의 한 고급 브랜드 티셔츠는 수십만 원이나 한다고 하니, 참 놀라울 따름입니다.

해당 브랜드 업체에 왜 그렇게 값이 비싼지 문의했더니, 아래의 다섯 가지 이유 때문이라고 합니다.

① 대부분의 제품이 파리의 아틀리에(특정 스승을 중심으로 이루어진 예술 장인들의 집단—옮긴이)에서 전속 장인들의 손에 의해 직접 만들어진다.
② 천과 실 등의 소재를 엄정한 심사를 거쳐 채택한다.
③ 디자인을 타사 제품과 차별화한다.
④ 브랜드 로고와 이미지를 철저히 관리한다.
⑤ 희소성을 높이기 위해 판매 수량을 한정한다.

그렇다 해도 브랜드 업체의 티셔츠가 소재, 내구성, 착용감 등의 측면에서 다른 티셔츠에 비해 월등히 뛰어나다고 할 수는 없습니다. 수십만 원이나 하는 티셔츠를 사는 사람에게 중요한 건 브랜드 로고가 아닐까요?

사람들은 유명 브랜드 업체의 로고가 붙은 옷을 입은 사람을 보면 '이 사람은 부유한 사람인가 봐' 또는 '아주 멋쟁이네'라는 생각을 합니다. 다시 말해, 옷에 돈을 들이는 사람의 목적 중 하나는 남에게 잘 보이려는 데 있다는 뜻이지요. 그래서 브랜드 업체는 고급 브랜드를 통해서만 얻을 수 있는 심리적 효용의 '대가'를 가격에 포함시킵니다. 그것을 알면서도 '차별화'와 '희소성'을 추구하는 구매자들은 고급 브랜드의 티셔츠에 수십만 원의 돈을 냅니다.

참고로 세상에 딱 하나밖에 없다는 다이아몬드로 장식된 티셔츠도 판매되고 있다고 해요. 어찌 보면 속옷이나 다름없는 티셔츠 값의 세계는 참 흥미롭기까지 합니다.

미국의 경제학자 소스타인 베블런(1857~1929)은 《유한계급론》이라는 저서에서, 19세기의 미국 부유층을 빗대어 '허울뿐인 과시적 소비'라는 표현까지 써가며 '비싸니까 산다'는 미국 부유층의 행동양식을 적나라하게 꼬집은 바 있습니다.

다이아몬드 역시 고가의 보석으로, 수많은 여성의 선망을 받는 아이템입니다. 채취된 원석은 사실 그다지 비싼 가격으로 거래되지는 않아요. 하지만 상품으로서 진열장에 자리 잡으면 '보석 중

희소성이 다이아몬드의 가치와 값을 높입니다.

의 보석'이라며 고가의 가격표가 붙습니다.

원석의 질이 뛰어나다는 점, 연마나 디자인 등 가공 과정에서 명인의 기술 경지에 오른 장인이 부가가치를 한껏 높인다는 점 때문에 다이아몬드는 꾸준히 비싼 가격을 유지할 수 있습니다. 희소성을 잃지 않도록 공급량을 잘 조절하는 것도 이유이지요.

제 지인 중 하나는 대학 졸업 후 얼마 지나지 않아 프랑스 명품 가방을 수백만 원에 샀습니다. 값비싼 만큼 애지중지하며 몇 년째 계속 쓰고 있지요. 디자인에 질리지도 않고, 쓰면 쓸수록 애착만 늘어간다고 합니다. 그 말을 들은 저는 그녀가 명품이 갖는 본래의 장점을 맘껏 즐기는 듯 보여 적잖은 감동을 받았습니다.

3장

자연에도 가격이 붙을까

① 경치, 공기, 물의 가격

② 쓰레기를 버리는 가격

만화 ② 공기가 희소하다면

※ 9부 능선: 산기슭부터 정상까지 10등분했을 때 10분의 9가 되는 능선. 정상에 거의 다 이르렀다는 뜻—편집자

01 경치, 공기, 물의 가격

경치나 공기, 물은
공짜라고 생각하기 쉽지만 정말 그럴까요?
공짜인 것과 그렇지 않은 것의
차이는 무엇일까요?

값이 매겨져 있을까?

경치나 공기에는 값이 매겨져 있지 않습니다. 경치는 감상할 장소로 가기 위해 전철 요금이나 버스비 등의 돈만 들이면 언제든지 원하는 만큼 보고 즐길 수 있어요. 다시 말해, 경치 그 자체에는 값이 매겨져 있지 않습니다.

공기는 어째서 공짜일까?

그럼 공기는 어떨까요? 공기도 희소성이 없으니 당연히 공짜입니다. 공기처럼 희소성이 없는 것을 가리켜 '자유재(사용 가치는 있지만 무한으로 존재해 비용을 지불하지 않아도 원하는 만큼 사용할 수 있는 재화-옮긴이)'라고 해요. 자유재는 원칙적으로 공짜입니다.

그러나 만약 달에 간다면 공기는 희소하다 못해 아무리 많은 돈을 내도 살 수 없습니다. 마찬가지로 엄청 신선하고 깨끗한 공기는 지구에서도 희소하죠.

여름방학 때 수풀 우거진 산이나 해변을 찾는 이유가 바로 근사한 경치를 감상하거나 깨끗한 공기를 마시기 위해서입니다. 근사한 경치나 깨끗한 공기는 희소성이 있지만, 값이 매겨져 있진 않습니다. 하지만 교통비나 숙박비를 내면서까지 사람들이 산림이나 해변을 찾는 까닭은 그것이 희소하기 때문이지요. 이처럼 희소하기 때문에 값이 매겨져 있는 것을 '경제재(희소성이 있어서 대가를 치러야만 얻을 수 있는 재화-옮긴이)'라고 합니다.

물은 자유재에서 경제재로 바뀐 대표적인 예입니다. 옛날에는 강물이 매우 깨끗하고 흐름이 빨라 식용수로 섭취할 수 있었어요. 물은 희소성이 없으니 자유재로서 거저 얻을 수 있다고 누구든 생각했습니다.

물은 자유재?

하지만 공장 폐수와 생활 폐수가 강으로 흘러들어가면서 도시 주변으로 흐르는 강물은 더 이상 마실 수 없게 되었어요.

마실 물 없이 생활하는 건 불가능하기 때문에 우물을 파서 지하수를 끌어올리기 시작했습니다. 그리고 인구가 많이 밀집된 도시에는 수도 관리부서를 설치한 뒤 정수장을 만들어 각 가정에 청결한 물을 공급했어요. 그래서 이제 수돗물은 공짜가 아닙니다. 수도를 이용하는 사람은 정기적으로 사용량에 따라 비용을 치러야 하기 때문이죠. 다시 말해, 수도가 생기면서 물은 자유재에서 경제재로 바뀌었습니다.

요즘에는 자연에서 채취한 천연의 물을 주변에서 얼마든지 살 수 있습니다. 수돗물보다 비싸지만, 먹는 물은 꼭 구매해서만 마시는 사람들도 적지 않습니다.

저자와 열두 살 리사의 경제 대화
【경치, 공기, 물의 가격】

 = 이즈미 미치코(저자)   = 열두 살 리사

경치나 공기, 물에 값을 매기는 발상이 참 기발하네요.

네, 엄청나게 소중한 '자연의 재산'이니까요. 재산이라 표현할 정도라 소중해 값을 한번 매겨봤습니다. 이제는 물 부족을 걱정해야 하는 시대인 만큼 물은 더없이 소중해요. 근사한 경치나 신선한 공기도 공해와 개발 때문에 점점 잃어가고 있어 옛날보다 그 가치가 높아지는 거 같고요.

인간의 경제활동 때문에 잃어가고 있는 깨끗한 자연을 되살리기 위해 비용과 시간을 들이는 시대라 할 수 있지요. 다들 알다시피 과거에는 공기청정기나 정수기 같은 기기가 아예 없었잖아요. 그런데 이제는 깨끗한 공기나 맛있는 물을 얻는 데 드는 비용이 점점 오르는 것 같아요.

배기가스나 광화학 스모그 같은 인체에 나쁜 영향을 미치는 대기오염 문제도 심각하거든요. 아름다운 자연을 되찾기 위해 무엇이 필요한지 생각해 보는 것도 아주 중요합니다.

경치나 공기, 물의 혜택을 받으며 살아가는 인간으로서 그런 소중한 것들을 잘 보존해야겠다는 생각이 드네요.

02
쓰레기를 버리는 가격

쓰레기가 날로 증가하고 있습니다. 옛날만 해도 쓰레기는
땅속에서 자연의 힘으로 분해되어 식물용 비료로 쓰였어요.
하지만 20세기에 들어서면서 '대량생산, 대량소비, 대량폐기가
인간을 풍요롭게 만든다'라는 사고방식이 정착하게 되었습니다.
대량폐기란 쓰레기가 증가하는 것을 의미해요.
공업화가 되면서 20세기가 '풍요로운 사회'로 바뀐 건
분명한 사실입니다. 그 대신 자연의 혜택이라 할 수 있는
물과 공기가 오염되고, 대량의 쓰레기를 처리하기 위해
고심해야 하는 시대가 되었지요.

 쓰레기를 버릴 때도 돈을 내야 할까?

　오늘날 대부분의 자치단체는 가정에서 배출하는 생활 쓰레기를 회수할 때 돈을 받습니다. 공기나 물을 오염시키지 않고 대량의 쓰레기를 태우거나 처리하려면 비용이 들기 때문이에요.
　예를 들어 플라스틱 쓰레기를 여기저기에 마구 버리면 어떻게

될까요? 바다로 흘러들어가 심각한 해양오염을 일으킵니다. 쓰레기를 방치하면 공기나 물이 오염되기 때문에 돈을 들여서라도 깨끗이 세척하거나 처리해야 하죠. 그래서 쓰레기는 공짜로 버리는 게 아니라 처리하기 위한 비용을 내야 합니다.

각 가정에서 생활 쓰레기를 배출할 때 자치단체가 지정한 유료 쓰레기봉투(종량제 봉투)에 담아 버리는데요. 그것을 '쓰레기 배출의 유료화'라고 합니다.

쓰레기를 처리하려면 비용이 든다

대형 생활폐기물 배출 비용 (서울 중구)

※ 2021년 1월 기준

높은 가격

러닝머신	18,000원
침대(더블)	15,000원
피아노	15,000원
냉장고(500L 이상)	10,000원
양변기	10,000원
복사기	10,000원
책장(90×180cm 이상)	10,000원
소파(3인용)	8,000원
책상	7,000원
텔레비전(42인치 이상)	6,000원
금고(1m 이상)	5,000원
김치냉장고(130L 이상)	5,000원
식기세척기	5,000원
자전거(성인용 일반)	5,000원
가스오븐레인지(높이 1m 이상)	4,000원
세탁기	4,000원
실내자전거(헬스용)	4,000원
식탁(4인용)	3,000원
장롱(30cm당)	3,000원
찬장(1칸)	3,000원
화장대	3,000원
식기건조기	2,000원
의자(일반 1인용 의자)	2,000원
항아리	2,000원
화분(직경 50cm 이상)	2,000원

낮은 가격

요즘에는 각 가정에서 매일 발생하는 플라스틱 쓰레기의 양이 점점 늘어나고 있어요. 그 쓰레기들이 바다로 흘러들어가 해양을 오염시키고 있죠. 해양오염을 막기 위해서는 대량의 플라스틱 쓰레기를 태워야 합니다. 그러려면 비용이 드는데, 거기에는 ==자치단체에서 징수한 세금도 일정 부분 포함되어 있습니다.==

대형 생활폐기물도 마찬가지예요. '가전 리사이클법(가정에서 사용하는 소형전기와 전자제품의 노후에 따른 폐기물 회수를 규율할 목적으로 일본에서 제정된 법률—편집자)'이 제정된 이후부터 ==TV, 에어컨, 냉장고, 세탁기 등은 버릴 때 비용을 부담해야만 수거해갑니다.== 과거에는 지정된 요일에 집 밖에 내놓으면 수거해갔지만, 이제는 리사이클 요금과 운반 요금을 치러야 수거해가도록 제도가 바뀐 셈이지요. 사용 가능한 부품을 재활용하면 쓰레기를 줄일 수 있고, 자원을 효율적으로 이용할 수도 있기 때문에 제정된 법률이라 할 수 있습니다.

참고로 'PC 리사이클 마크'가 부착된 컴퓨터는 무료로 수거해가는데, 그 이유를 알고 있나요? 처음 컴퓨터를 구매할 때 가격에 이미 리사이클 비용이 포함되어 있기 때문입니다.

자원의 효율적 이용도 중요하다

쓰레기를 버리는 행동은 결과적으로 주변에 여러 영향을 미쳐요. 이처럼 시장 바깥에서 가격에 영향을 미치는 현상을 '외부 효과(Externality)' 또는 '외부성(外部性)'이라고 합니다. 예를 들어 어촌 항구와 가까운 곳에 위치한 화학공장에서 유해한 폐기성 용액이 나와 바다로 흘러들었다고 가정해 볼게요. 당연히 그 악영향은 어촌에서 근해어업을 하는 어부들에게까지 미칩니다. ==화학공장의 사례는 어부들의 경제생활에 손해를 끼쳤기 때문에 '외부불경제(부에 손해를 끼치는 부정적 외부 효과)를 초래했다'고 표현합니다.==

쓰레기를 아무데나 버리는 행동은 두말할 것도 없이 외부불경제를 유발합니다. 사람들이나 기업이 여러 활동을 하다 보면 쓰레기는 반드시 나올 수밖에 없어요. 이때 쓰레기 처리하는 비용을 들이기 싫어 그대로 방치하면 다른 사람들이 피해를 입게 됩니다. 즉 쓰레기를 버린 사람들, 혹은 기업이 외부불경제라는 악영향을 주변 사람들에게 떠넘기는 셈이지요. 비용을 부담해 쓰레기를 처분하면 외부불경제는 없어집니다. 이를 가리켜 '쓰레기 처분을 내부화한다'라고 표현합니다.

쓰레기를 버리는 것은 '외부불경제'

쓰레기 처분을 내부화하다

저자와 열두 살 리사의 경제 대화
[쓰레기를 버리는 가격]

 = 이즈미 미치코(저자)  = 열두 살 리사

학교에서든 집에서든 쓰레기를 버릴 때 돈을 내지 않아서 쓰레기를 버리는 데 돈이 든다는 생각은 해본 적이 없었어요.

 버려진 쓰레기는 차에 실려 쓰레기 하치장으로 옮겨져요. 그곳에서 소각할 수 있는 쓰레기는 소각하고, 소각할 수 없는 쓰레기는 저마다의 방법으로 처리됩니다. 이렇게 쓰레기를 처리하기 위해서는 당연히 비용이 들겠죠? 그건 세금으로 충당하고 있습니다.

직접 돈을 내고 있진 않지만, 쓰레기를 줄이면 줄일수록 우리가 부담하는 비용도 줄겠네요. 쓰레기를 줄이자고 입버릇처럼 말하긴 하는데, 실천하기가 쉽지 않은 것 같아요.

 사람이 생활하며 살아가는 이상 쓰레기는 나오기 마련이니까요.

환경에도 나쁜 영향을 끼치니까 역시 개개인이 쓰레기를 줄이려고 노력하는 게 중요할 것 같아요. 예전에 TV에서 어떤 사람을 본 적이 있는데요. 집에서 가져온 쓰레기를 주차장에 놓여 있는 쓰레기통에 몰래 버리더라고요. 집에서 나온 쓰레기를 버리라고 놓아둔 게 아니라는 걸 잘 알 텐데, 실제로 그런 사람들이 적지 않은 것 같아요.

 인성교육이나 도덕성에 관한 교육이 필요한 이유지요.

모든 사람이 자기가 버리는 쓰레기에 책임질 수 있도록 적은 비용이더라도 부과하는 등의 여러 가지 방법을 마련해야겠어요.

칼럼 ② 이즈미 미치코

버린 돈에 따라붙은 거액의 이자 청구서
[음식물 낭비를 통해 보는 돈의 구조]

경치나 공기, 물이 공짜라고 함부로 쓰다가는 나중에 '빚'으로 되돌아오는 일이 생길지도 모릅니다.

요즘 사람들의 생활 태도를 보면 날마다 돈을 버리고 있다 해도 과언이 아닙니다. 예전에 제가 근무했던 대학교의 한 학생이 이런 말을 하더군요.

"저는 편의점에서 아르바이트를 하고 있는데, 도시락이나 삼각김밥 등 팔다 남은 제품이 날마다 버려지고 있어요. (참고로 환경청 발표에 따르면 연간 버려지는 편의점 도시락 수는 143만 1,506개) 항상 아깝다는 생각이 들어요. 하루에 1달러(한화로 약 1,100원)도 안 되는 돈으로 생활하는 사람, 굶주림에 허덕이는 사람이 세계 곳곳에 있는데… 늘 죄책감이 들곤 합니다."

가정 쓰레기 조사의 일환으로, 어느 주택지역에서 배출한 가정 쓰레기봉투 100봉(약 50세대분)의 내용물을 살펴보니 전혀 손도 대지 않은 음식이 10% 이상을 차지했다고 합니다. 식료품을 사와 냉장고 구석에 넣어두고 오랫동안 방치하다 유통기간이 지나거나 단지 먹고 싶지 않다는 이유로 쓰레기봉투로 직행한 거겠지요. 전혀 손도 대지 않은 채 말이죠. 조사를 진행한 담당자는 이런 결과에 경악하며 '음식물 학대'나 다름없다고 개탄했습니다.

먹다 남은 음식이 끼치는 사회적 손실액

우리나라는 식자재의 40% 이상(칼로리 기준)을 수입에 의존합니다. 연간 약 646만 톤의 식자재를 사용할 수 있는 상태인데도 버리고 있죠. 학교 급식 후 남겨지는 양도 많게는 5만 톤(출처: 환경청)에 달합니다 사실 부모는 자신의 자녀가 무엇을 좋아하고 싫어하는지 잘 알죠. 그래서 부모가 만들어준 도시락을 남기는 아이들은 별로 없지만, 급식을 먹다 남기는 아이들은 적지 않습니다. 그것들도 당연히 음식물 쓰레기로 버려집니다.

사람이 하루 세 번 식사하는 것은 몸을 움직이거나 머리를 쓰는 데 에너지가 필요하기 때문입니다. 탄수화물과 단백질 1g은 각각 4kcal, 지방 1g은 8kcal의 에너지로 몸 안에서 변환됩니다. 그 에너지를 소비하면서 우리는 걷고, 달리고, 노래하고 말도 하죠.

사람이 생활하기 위해 반드시 필요한 에너지원인 음식물을 쓰레기로 만드는 것은 정말 아까운 일입니다. 쓰레기로 버려지면 소각하게 되는데, 그 영양 풍부한 음식물을 열에너지로 만들어 대기 중에 방출하는 셈이지요.

소, 돼지, 닭 등 가축의 먹이는 주로 곡물이나 채소류입니다. 우린 곡물과 채소를 먹고 자란 가축의 육류를 먹는 방식으로 단백질과 지방 같은 영양소를 공급받죠. 바다나 하천에 사는 물고기에는 자연이 만들어준 단백질과 지방이 가득합니다. 이러한 식자재 덕분에 우리는 날마다 균형 잡힌 식사를 하고 있지요.

오늘날 우리는 식량 부족을 걱정하지 않습니다. 아마 그래서 사람들이 아무렇지 않게 음식물을 버리거나 남기는 걸지도 모릅니다. 식량 부족을 걱정하지 않는 시대가 언제까지 계속될까요? 장담할 수 없습니다. 잦은 기후변동으로 곡물의 수확량이 줄어들

가능성은 얼마든지 있으니까요. 50년 후에는 아프리카 인구가 2배나 증가할 것으로 예상됩니다. 그러면 세계 인구는 100억 명(현재는 약 70억 명)을 껑충 뛰어넘겠죠. 지구 차원의 식량 부족 사태가 벌어질 수도 있습니다.

우리가 음식물을 충분히 섭취하며 살아갈 수 있는 건 '태양의 혜택'이라 할 수 있습니다. 그렇게 키워진 음식물을 쓰레기로 둔갑시키는 것은 엄청난 사치일 뿐 아니라 범죄나 다를 바 없습니다. 돼지고기를 생산하려면 옥수수나 콩 등의 곡물이 포함된 다량의 사료가 필요합니다. 태양에너지나 돈으로 환산하면 엄청난 액수죠. 따라서 돼지고기로 만든 음식물을 쓰레기로 버리는 행위는 돈을 버리는 것과 같습니다. 소고기나 닭고기도 마찬가지입니다.

음식물을 쓰레기로 버리는 건 곧 '돈을 버리는 행위'라는 사실을 명심해야 합니다. 우리가 '버린 돈'에 대해 거액의 이자가 붙은 청구서가 다음 세대로 발송되는 일은 막아야 하지 않을까요?

4장

시간과 생명을 살 수 있을까

① 시간의 가격

② 목숨의 가격

③ 장기의 가격

Story

시간을 살 수 있을까?

 "어머낫, 벌써 8시 반이 다 됐잖아!"

서둘러 집안일을 끝마친 클레어의 어머니, 플로렌스는 시계를 보고 화들짝 놀랐어요. 오늘은 오전에 모델 일이 있어 외출해야 하거든요. 촬영 장소는 40분 정도 걸리는 곳이에요. 전철을 타고 역에서 내린 다음 걸어가야 하는 거리죠. 약속 시각은 9시. 지금 당장 나가도 도저히 시간을 맞출 수는 없을 거 같은데…. 하지만 중요한 촬영이라 꼭 시간에 맞춰 도착해야 합니다.

 "어쩔 수 없이 택시를 타야겠어. 그러면 시간 안에 도착할 수 있을 거야."

황급히 옷을 갈아입고 집을 나선 플로렌스. 인근 교차로까지 한걸음에 달려 나가 택시를 불러세웠어요.

"기사님, 메구로에 있는 K스튜디오까지 가야 하는데 몇 분 정도 걸릴까요?"

"메구로라면 20분 정도 걸릴 거 같은데요."

 "아, 살았다…. 늦지 않도록 부탁드립니다!"

말이 끝나기도 전에 곧바로 출발하는 택시.
결국 전철을 이용할 때보다 돈은 더 들었지만 무사히 촬영을 마쳤습니다. 만약 늦었다면 다른 날을 다시 잡아 촬영하러 가야 했을 텐데, 그런 일이 생기지 않아 참 다행이에요. 마치 택시로 시간을 산 것 같네요.

01 시간의 가격

우리가 평소에 쓰는 '비용'이란 말은
단지 돈만 가리키는 건 아닙니다.
사실 시간도 중요한 비용의 일부거든요.
그러면 '시간을 산다'는 말은 도대체 어떤 의미일까요?
또 우리는 어떤 경우에 시간이란 비용을 사용할까요?

시간의 매매

 '시간을 산다'는 말은 무슨 뜻일까요? 자신에게 주어진 시간을 바꿀 수 있는 사람은 없습니다. 즉 '시간을 산다'는 이 말은 자신에게 주어진 한정된 시간을 효과적으로 활용하기 위해 돈을 지불하는 것을 의미합니다. '시간을 물건과 마찬가지로 값으로 계산할 수 있다'는 말이지요. 그렇게 보면 '시간은 매매가 가능'한 셈입니다.
 여기서 잠시, 앞에 나온 Story의 내용을 되짚어 보겠습니다. 클레어의 어머니, 플로렌스는 모델 일 스케줄 때문에 촬영 현장으로 향합니다. 시간이 부족한 상태에서 어떻게 가야 할지 고민한 끝에 다음과 같이 결심합니다.

방법 ① 20분 들여 택시를 타고 현장으로 향한다.
　　　　택시비는 1만 5,000원

이 방법을 선택해 그날 약속 시각인 아침 9시까지 도착했고, 예정된 촬영을 무사히 마쳤습니다. 그리고 예정대로 오후 3시에 귀가했죠.

똑같은 상황에서 플로렌스는 1만 5,000원을 들이지 않고 평소 하던 대로 아래와 같은 방법을 선택할 수도 있었습니다.

방법 ② 40분 들여 전철을 타고 현장으로 향한다.
　　　　전철 요금은 3,000원

만약 이 방법을 선택했다면 약속 시각인 아침 9시까지 도착할 수 없었을 겁니다. 예정된 촬영을 순조롭게 진행할 수 없어 결국 제시간에 끝마치지 못했겠죠. 게다가 예정한 귀가 시간도 맞추지 못해 4시 40분이 되어서야 집에 왔다고 가정해 보겠습니다.

두 가지 방법을 비교하면 득실관계는 어떻게 나타날까요?

전철 요금이 싸긴 하지만…

방법 ①의 경우 플로렌스는 교통비에서 1만 5,000원 -3,000원=12,000원의 손실을 봤지만, 시간 측면에선 40분-20분=20분의 이득이 생겼습니다. 다시 말해, 20분이라는 시간을 1만 2,000원에 산 겁니다. 이 경우 시간의 단가는 분당 600원인 셈이죠.

방법 ②의 경우 플로렌스는 교통비에서 1만 5,000원-3,000원 =1만 2,000원의 이득을, 시간에선 40분-20분=20분의 손해를 봤습니다. 이게 전부인 것 같지만 사실 손실은 더 있습니다. 귀가 시간이 1시간 40분이나 늦어졌죠. 시간에서 본 손해는 총 120분입니다. 즉, 120분이라는 시간을 1만 2,000원과 바꾼 것이나 다름없죠. 시간의 단가는 분당 100원이 되는 셈입니다.

시간의 매매는 무엇을 타느냐에 따라서만 정해지지 않습니다. 그 밖에도 여러 가지 경우를 생각할 수 있습니다.

전철을 탔다면 시간을 맞추지 못하는 것 이상의 대가가 있었겠네.

생선가게에서 물고기를 사는 것도?

생선가게에서 물고기를 사는 것이 어째서 시간의 매매인지 생각해 볼까요? 물고기는 돈을 주고 사지 않더라도 직접 낚시를 해서 잡을 수 있습니다. 하지만 낚시하러 갈 시간이 없기 때문에 가게에서 사는 거죠.

이해를 돕기 위해 시급 1만 원을 받고 일하는 사람의 예를 들어 볼게요. 그 사람은 따로 시간을 내 낚시하러 가는 것보다 그 시간 동안 평상시처럼 일하고 생선가게에서 물고기를 사는 편이 이득이라 할 수 있습니다.

만약 그 사람이 온종일 낚시로 고등어 10마리를 낚았고, 낚시하는 데 들인 시간이 12시간이라면, 이렇게 계산할 수 있습니다.

시급 1만 원 × 12시간 ÷ 10마리 = 1만 2,000원(고등어 1마리)

어때요? 생선가게에서 싱싱한 고등어를 2,000원에 사는 편이 훨씬 이득이라 할 수 있겠죠?

그렇다고 해서 어부들의 시간 단가가 싸다고 볼 수는 없습니다. 전업 어부는 같은 시간을 들이더라도 어망을 던져 물고기를 잡기 때문에 100마리, 200마리는 물론 대량의 물고기를 잡을 수 있기 때문이죠.

시간도 비용에 포함된다

물고기와 마찬가지로 채소를 재배할 땅과 시간이 없는 사람은 시장이나 마트에서 채소를 구매합니다. 농업에 종사하지 않고 다른 일을 하는 사람은 시장이나 마트에서 채소를 사는 게 훨씬 이득이니까요.

'분업'이라는 말이 있습니다. 모든 사람이 자기에게 필요한 물건을 혼자 만드는 것이 아니라 어부와 생선가게, 채소 재배 농가와 청과물시장 등처럼 전문 분야를 나눠 일하는 것을 분업이라고 해요. 이럴 경우 많은 사람에게 싸고 좋은 물건을 제공할 수 있습니다.

시간의 가격에 대해 생각할 때 기억해야 할 것이 하나 더 있습니다. '몇만 원 이득을 봤느냐가 아니라 어느 정도 시간을 들여 얼마만큼 이득을 봤는가' 하는 부분을 반드시 따져야 합니다.

예를 들어 서울에서 100만 원에 파는 가방을 프랑스 파리에서 50만 원에 살 수 있다면 어떨까요? 그렇다 하더라도 서울과 파리를 왕복하는 데 드는 시간과 교통비를 생각하면 단지 가방을 사기 위해 파리까지 가는 사람은 없을 겁니다. 서울과 파리라는 극단적인 예를 들었지만, 경제와 관련된 의사결정을 할 땐 시간이라는 비용 부분을 결코 간과해선 안 됩니다. 손해를 보고도 오히려 이득을 봤다고 여기는 착각은 반드시 경계해야 하지요.

나의 시간 값

마지막으로 또 한 가지, 반드시 명심해야 할 게 있습니다. 일상생활에서도 '자기 자신의 시간 값'을 항상 염두에 두어야 합니다.

예를 들어 두 명의 가수가 있다고 가정해 볼게요. 한 사람은 아주 잘나가는 인기 가수고, 다른 한 사람은 그다지 알려지지 않은 무명 가수입니다. 전국 순회공연을 한다면 둘은 어떤 공연장을 선택해야 할까요?

인기 가수의 공연에는 많은 관객이 올 테니 대형 무대를 준비해야 합니다. 하지만 무명 가수의 공연장은 인기 가수의 10분의 1 정도 객석만 확보해도 충분할 겁니다. 물론 티켓 판매량도 10배 이상 차이가 나겠죠.

또 인기 가수는 공연 스케줄이 빡빡할 테니 이동은 비행기나 고속열차, 전용 차량 등을 이용할 거예요. 반면 그다지 인기가 없는 무명 가수는 공연 스케줄이 느슨할 테니 전철이나 버스로 이동해도 무방합니다.

두 가수는 인기라는 측면에서 매우 큰 차이가 있기 때문에 '관객 동원 수와 티켓 판매량'에서 큰 차이가 생깁니다. 그 결과 두 가수의 시간 값에도 10배 가까운 차이가 생기겠지요.

저자와 열두 살 리사의 경제 대화
[시간의 가격]

 = 이즈미 미치코(저자)    = 열두 살 리사

저는 아직 아이라 일하는 어른들처럼 시간에 쫓기는 경우가 별로 없어요. 하지만 시험 날짜가 임박할 때는 매번 시간과의 전쟁을 벌이고 있죠.

 시험 날짜가 다가오면 누구든 1분 1초라도 아깝게 느끼는 법이지요. 시간과의 전쟁에서 이길 수 있나요?

언제나 져요…. 그래서 '시간을 살 수 있다면 많지 않은 내 용돈을 전부 주더라도 사고 싶어!!!'라고 생각할 때가 참 많아요.

 예를 들어, 얼마 정도면 돈을 낼 생각인가요?

1시간에 1,000원이나 2,000원 정도라면…. 하지만 그것도 시험 기간 바로 직전일 때만 그렇지, 휴식을 취하기 위한 용도로 돈을 쓸 생각은 없어요.
(항상 휴식을 취하고 있다고 생각하므로.)

 어른들이라면 쉬거나 자유롭게 쓸 수 있는 시간을 사고 싶어 하는 사람이 많을 거예요.

인터넷 검색을 하다 회사원 400명을 대상으로 한 조사 결과를 봤어요. '가처분 시간(자유롭게 쓸 수 있는 시간) 1시간에 얼마의 돈을 낼 수 있냐?'라는 질문이었는데, 대답은 평균 2만 4,970원이었습니다. 상당히 오래전에 한 조사였지만 결과를 보고 깜짝 놀랐어요.

※ 시민의식 조사(1998년)

 10시간을 산다면 약 20만 5,000원. 아이들에겐 무지하게 큰돈이네요.

제 생각에는 참 아까운 돈이에요. 궁금해서 부모님께 여쭤봤더니 아마 돈이 더 들더라도 살 거라고 말씀하셨어요. 어른들의 생각은 역시 아이들과 다르더군요.

 여러 부류의 성인들에게 같은 질문을 해도 참 재밌을 것 같네요.

 대부분의 어른들은 'Time is money!(시간이 곧 돈)'라고 생각하나 봐요. 저도 효과적으로 시간을 쓸 줄 아는 어른이 되는 것을 목표로 열심히 살겠습니다.

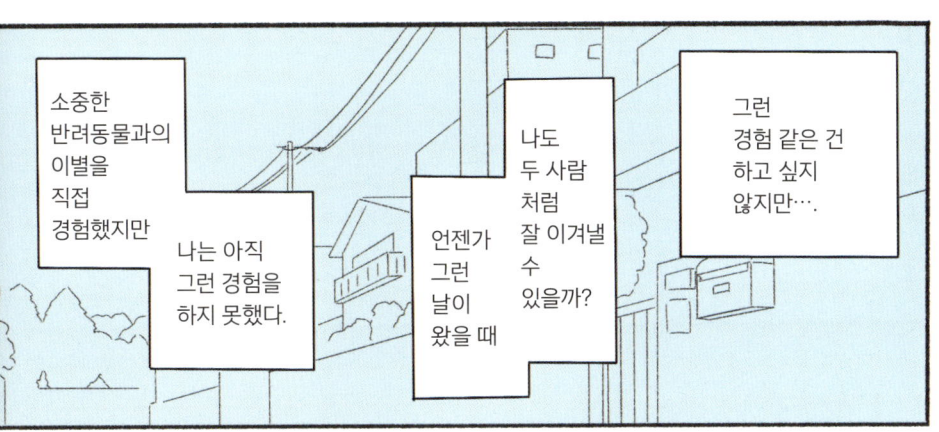

02
목숨의 가격

값이 매겨져 있는 것과 그렇지 않은 것을 생각하던 중
문득 목숨이 머리를 스쳐 지나갔어요.
목숨에는 당연히 값을 매길 수 없는 고귀한 가치가 있습니다.
하지만 그런 소중한 목숨에 값을 매긴다면 어떻게 될까요?

 목숨에 값을 매긴다면

사람에게는 저마다 목숨이 있습니다. 열 사람이 모이면 열 개의 목숨이 있지요. 누군가에게 친구 A와 B 중 누구의 목숨이 소중하냐고 묻는다면 아마 "둘 다 소중합니다"라고 대답할 겁니다. 다시 "둘 다 소중하다는

말은 친구 A와 B의 목숨값이 똑같다는 뜻인가요?"라고 물으면 그 사람은 십중팔구 당황할 겁니다. '목숨에 값을 매긴다'라는 생각을 진지하게 해본 적이 없을 것이기 때문이죠. 하지만 세상에는 목숨값을 매기는 일이 당연하다는 듯 벌어지고 있습니다.

그 한 가지 예가 생명보험입니다. 생명보험에는 병에 걸리거나 상처를 입었을 때 병원비를 받는 실비보험, 암에 걸렸을 때를 대비하기 위한 암보험 등 다양한 종류가 있습니다. 그중 '사망보험'은 계약한 금액의 보험료를 내면 목숨을 잃었을 때 정해진 보험금을 미리 지정해놓은 사람에게 지급하는 보험입니다. 다시 말해, 받을 수 있는 보험금이 10억 원이라면 그 10억 원이 '잃어버린 목숨의 가격'이라 해석할 수 있지요.

예를 들어 매달 내는 보험료를 두 배로 올리면 보험금은 약 20억 원이 될 겁니다. 그렇다면 부자인 사람은 보험료를 더 많이 지불해 자신의 목숨값을 얼마든지 높일 수 있습니다. 이건 어디까지나 보험금에만 초점을 맞춰 그것이 목숨의 가격이라고 가정했을 경우의 이야기입니다.

또 한 가지 예는 교통사고로 사망했을 때 받는 배상금입니다. 사망사고 배상금은 다음과 같이 구성됩니다.

| 장례 비용 | + | 위자료 |

+ 사망자가 사고를 당하지 않았다면 남은 생애 동안 어느 정도의 수입을 올릴지를 상정해 정한 손해액(다른 말로 '일실이익'이라고 함)

생명보험이나 배상금의 액수는 사람에 따라 천차만별

저자와 열두 살 리사의 경제 대화
[목숨의 가격]

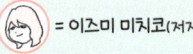 = 이즈미 미치코(저자)   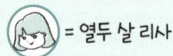 = 열두 살 리사

목숨에 값을 매기다니, 참으로 비정하다는 생각이 들어요. 하지만 만약 그런 처지에 놓인다면 어떤 방식으로 값이 정해질지 몹시 궁금하긴 했어요.

 무엇이든 궁금한 것이 생기면 일단 조사해보고 결과에 대해 깊이 생각하는 시간을 가질 필요가 있습니다.

사람이 아닌 다른 동물, 예를 들어 반려동물은 매매가 되고 있으니 그 값이 곧 그 동물의 가치가 되겠네요.

 맞아요. 개나 고양이 등 반려동물이나 금붕어 같은 관상용 동물에는 값이 매겨져 있지요.

하지만 버려진 개나 고양이는 어떤가요? 그냥 데려다 키우니까 그것들의 목숨에 아무런 가치가 없을 거라고는 생각하기조차 싫지만….

 목숨값이나 가치를 생각하지 않더라도 비용을 주고 데려오는 반려동물은 사료나 유지비, 백신 주사 등 경비가 들기 때문에 그것이 값에 포함되어 있다고 볼 수 있어요.

'우리 인간은 어떨까?' 하는 생각이 들 때 문득 인신매매 관련 뉴스가 떠올랐습니다. 너무 끔찍한 일이지만, 마치 반려동물과 마찬가지로 그 당시 매매되는 값이 그 사람의 가치가 되는 건 아닌가 해서….

옛날에는 사람을 노예나 노비로 사고팔던 시대도 있었어요. 최근에는 세계 각지에서 분쟁이나 장기이식 등 여러 이유로 인신매매 문제가 대대적으로 보도되고 있습니다. 물론 인신매매는 위법 행위입니다. 굳이 이유를 조목조목 열거하지 않더라도 절대 있어선 안 될 범죄 행위죠.

생각만으로도 기분이 영 언짢아지네요. 동물도 사람도 버려지거나 정해진 값으로 매매되는 경우가 있다고 해서 그 값이 곧 가치라고 생각하고 싶지 않습니다.

맞는 말이에요. 예를 들어 버려진 고양이를 집으로 데려와 가족의 일원처럼 키우며 자신의 그런 행동에 가치를 느끼는 사람도 있습니다. 교통사고 배상금을 생각하면 피해자 유족에게 '목숨값'으로 돈이 지급되긴 하지만, 그 돈이 죽은 사람의 목숨과 동등한 가치라고 받아들이는 사람은 없지 않을까요?

역시 사람의 목숨에 값이 매겨지더라도 그것이 마치 물건처럼 가치를 나타낸다고 볼 수는 없습니다. 목숨에 값이 매겨진다는 그 자체를 인정하고 싶지 않아요. 살아있는 생명체의 존엄에 반하는 행위라는 느낌을 떨쳐버릴 수 없거든요.

그렇습니다. 모든 생명체에는 값을 매길 수 없는 고귀한 가치가 있으니까요.

03 장기의 가격

장기는 인간의 생명을 유지하기 위해 제각각 역할을 분담하고 있는 생명 유지의 부품이라 할 수 있습니다.
그런 장기를 돈 이야기에 연결 짓는 이유는 '이식' 때문이에요.
장기와 값은 어떤 관계가 있을까요?
그리고 장기의 가치란 무엇을 말하는 걸까요?

장기의 이식

콩팥(신장)처럼 쌍을 이루는 장기를 제외하면 대부분의 장기는 하나입니다. 그러므로 살아있는 사람의 몸에서 단 하나뿐인 장기를 꺼내 다른 사람에게 이식할 수는 없겠지요? 단, 살아있는 건강한 사람의 몸에서 장기를 꺼내 환자에게 이식하는 '생체신장이식'이 실제로 행해지는 경우가 있습니다. 이때 기증자(도너)는 대개 배우자나 친족이지요.

일본에서는 원래 심장이 정지된 사람의 신장만 이식할 수 있었는데, 1997년 신장이식법이 제정된 후 상황이 바뀌었습니다. 기증자가 의사에게 뇌사 판정을 받는 경우 가족이 승낙하면 신장뿐 아니라 심장, 간 등 다른 장기도 이식이 가능해졌어요. 그 장기는 이식용 장기를 기다리는 사람들의 순서에 맞춰 제공됩니다.

하지만 한 가지 전제조건이 있어요. 기증자인 당사자가 '자신이 사고나 병에 걸려 사망했을 때 이식용으로 자신의 모든 장기를 제공한다'라는 의사를 서면으로 남겨놔야 합니다.

그러나 2010년에 신장이식법이 개정되면서 뇌사 상태일 경우 본인의 의사표시가 없어도 가족의 동의가 있으면 장기 기증이 가능해졌어요. 그 결과 법률 개정 이전과 후를 비교하면 장기이식 사례가 상당히 늘었습니다. 이식되는 장기는 선의로 제공되므로 장기 자체에 값을 매기지 않습니다. 이식 수술을 받는 사람 역시 장기에는 돈을 지불하지 않죠.

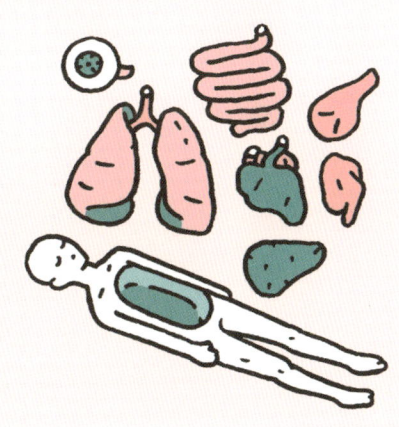

장기가 거래되는 암시장

그런데 장기에 값을 매기는 경우가 있습니다. 바로 불법으로 장기매매가 이루어질 때입니다. 장기는 수요(이식 희망자)보다 공급(공여자)이 부족해 희소하게 마련이지요. 그래서 불법임에도 불구하고 세계 각지에 장기를 팔아 거금을 챙기는 암시장(Black Market)이 형성되어 있습니다. 그곳에서 빈곤하거나 불우한 가정에서 태어난 아이들의 장기가 비밀리에 거래되곤 하죠. 일본에서도 과거에 위법한 장기매매 실태가 적나라하게 밝혀진 적이 있으니 다른 먼 나라만의 이야기는 아니지요.

한편, 이란은 세계적으로 매우 드물게 장기매매를 합법화하는 나라입니다. 그래서 장기에 값이 매겨져 있지요. 장기를 파는 사람의 대부분은 빈곤한 가정에서 태어나거나 일정한 벌이가 없어 경제적 곤란을 겪는 사람들입니다. 예측하건대 생활 유지를 위해 매매시장에 뛰어드는 것으로 보입니다.

외국과 비교하면 일본은 기증자 수가 극단적으로 적어 이식을 희망해도 여러 해 기다리는 일이 다반사입니다. 뇌사를 죽음으로 인정하지 않고 심장이 멈춰야만 죽었다고 판단하는 정서가 깊숙이 뿌리박혀 있기 때문이지요.

이런 이유로 기증자가 많은 미국으로 건너가 이식을 기다리는 사람도 적지 않습니다. 하지만 의료비가 일본에 비해 어마어마하게 비싸죠. 미국의 값비싼 수술 비용, 대기하는 동안의 장기간 입원비, 가족 생활비 등을 전부 포함하면 장기이식에 드는 비용, 즉 '장기의 값'이 어느 정도 될지 가늠할 수 있답니다.

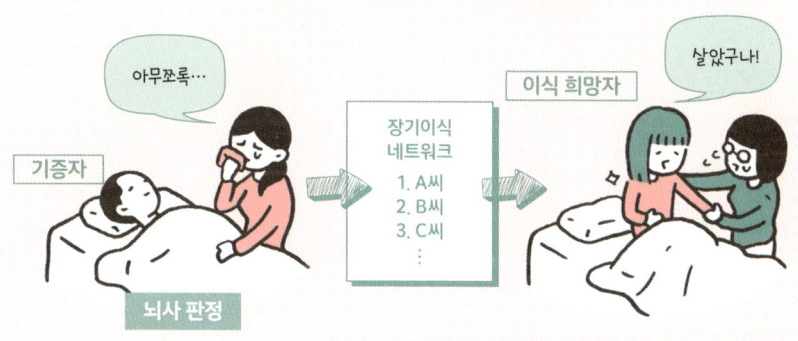

저자와 열두 살 리사의 경제 대화
[장기의 가격]

 = 이즈미 미치코(저자)   = 열두 살 리사

장기는 사람이 살아가는 데 꼭 필요한 생명의 부품 같은 겁니다. 그런데 그 장기를 불법으로 매매하는 나라도 있다고 들었어요.

 생명의 일부에 값을 매겨 암시장에서 거래한다는 얘기를 저도 알고 있어요.

끔찍한 세상이긴 하지만 그렇게 해서 살아나는 사람이 있다는 걸 생각하면… 뭐가 옳은 건지 갈피를 못 잡겠어요. 그래도 사람의 장기가 거래된다는 건 도무지 믿어지지 않네요. 생명의 일부를 강제로 빼앗아 돈을 주고받으며 사고판다는 건 절대로 있어선 안 될 일이라고 생각합니다.

장기이식에 관해서는 나라마다 해석이 분분하지만 정해진 원칙은 있습니다. 불법으로 행해지는 건 당연히 근절돼야 해요. 하지만 이식 자체가 좋고 나쁜지 딱 잘라 말하기는 어려워요. 생명과 결부된 만큼 쉬운 문제가 아닙니다.

일본에선 아무리 기다려도 장기이식을 받기 어려워 미국으로 건너가 이식 수술을 받았다는 얘기를 들은 적이 있어요. 수십억 원이 들기 때문에 모은 돈을 다 합쳐도 엄청 부족하다고 하더라고요.

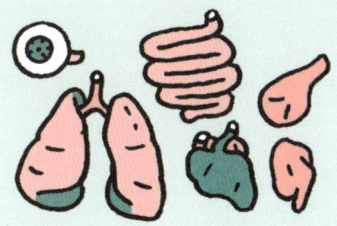

목숨을 구하기 위해서는 막대한 돈이 필요할 때가 있지요. 살아날 방법만 있다면 갚기 어려울 정도의 돈을 빌려서라도 일단 살고 싶어 하는 게 우리 인간의 심리 아닐까요?

불법 장기매매 사례 등 목숨이나 장기의 값을 조사하다 보니 가격 문제뿐 아니라 몇 가지 신경 쓰이는 점이 있었어요.

현재 일본은 보건증이나 면허증, 주민등록증 등에 자신의 장기를 기증할지 말지 의사표시를 할 수 있어요.

제가 만약 뇌사 상태가 되더라도 남에게 장기를 기증하는 건 사실 꺼림칙해요…. 비웃으실지 모르겠지만 저의 솔직한 심정입니다. 다른 사람의 몸에서 내 장기만 생명을 연장하고 있다는 게 왠지 섬뜩하다고나 할까….

 장기이식 문제를 깊이 생각하다 보면 어른이 되었을 즈음엔 생각이 바뀌어 있을지도 몰라요.

그럴 수도 있겠네요. 사회적으로 장기를 기증하는 분위기가 만들어져서 더 많은 목숨을 구할 수 있게 된다는 건 바람직한 일이란 생각이 들기는 합니다.

나라마다 돈이 다른데 어떻게 비교할까

① 세계의 물가

01 세계의 물가

세계에는 196개의 나라가 있습니다.
그리고 나라마다 물가가 다 다르지요.
이제부터 세계와 일본의 물건값을 비교해 보겠습니다.

세계와 일본의 물건값 비교

   세계 각국에는 나라마다 특유의 통화가 있습니다. 달러, 유로, 파운드, 위안, 원, 바트, 엔 등이 그것이지요. 일본은 모든 물건값을 엔으로 표시하는데, 미국은 달러로 표시합니다.
   예를 들어 일본에서 연필 1세트(12자루)의 가격이 440엔이라고 가정해 볼게요. 똑같은 연필 1세트가 미국에서는 5달러라고 할 때 이 정보만으로는 어느 나라가 더 비싸고 싼지 알 수 없습니다. 그렇다면 440엔을 달러로 환산하면 얼마가 될까요?

1달러가 몇 엔이 되는지 나타내는 엔과 달러의 교환 비율을 '환율'이라고 합니다. 환율은 날마다 변동해요. '1달러=110엔'이라 하면 440엔은 4달러가 됩니다. 그렇다면 일본에서 연필 1세트(440엔)를 사는 데 필요한 돈은 4달러(440엔)이고, 미국에서는 5달러니까 미국에서의 연필 가격이 25% 정도 비싸다고 할 수 있습니다.

<mark>각 나라의 통화가치는 달러로 나타냅니다.</mark> 국제적으로 달러를 전 세계의 통화가치 기준인 '기축통화'라고 인정하고 있기 때문이지요. 따라서 자기 나라의 통화로 표시된 값을 달러로 환산하면 각 나라의 물가를 비교할 수 있습니다. 아래의 표는 나라별 물건 값을 나타낸 것입니다.

일본에서 맥도날드 빅맥의 값은 다른 나라보다 매우 싼 편입니다. 표를 보면 알 수 있듯이 대부분의 나라가 일본보다 비싸며, 유일하게 싼 나라는 중국(상하이)뿐입니다.

각 나라의 물가 비교
(2018년 공익재단법인 국제금융정보센터 조사 결과)

	맥도날드 빅맥	우유	토마토	맥주	버스 요금
도쿄	100	100	100	100	100
싱가포르	125.4	122.6	30.8	125.3	40.1
벨기에	136.7	105	43.7	76.6	154.8
워싱턴	144.3	61	82.3	63.9	101.5
브라질	141.2	46.2	22.9	43.2	62.1
상하이	88.5	114.4	21.6	39.8	16.4

※ 도쿄의 가격(100)을 기준으로 한 지수

싱가포르는 최근 물가가 치솟고 있지만, 토마토값이나 버스 요금을 보면 도쿄의 반값도 되지 않을 만큼 쌉니다. 이처럼 싸고 비싸고의 차이가 들쭉날쭉 하는 이유는 무엇 때문일까요?

싱가포르에서 담배 한 갑의 값은 약 1,000엔(일본 엔으로 환산할 경우)으로 비싼 편인데, 그 이유는 나라에서 쓰레기 등을 엄격히 규제하기 때문입니다. 즉, 물건값은 나라의 정책과도 관련이 있다는 뜻이지요. 맥주 가격도 일본보다 비싼 이유는 술에 부과하는 세금이 많기 때문입니다.

이처럼 물건값이 싼지 비싼지 다른 나라와 비교할 때는 각 물건에 부과하는 세금 금액이 나라마다 다르다는 점, 각 나라의 통화가치(환율)가 날마다 변동하는 점 등을 참고해야 합니다. 또 싱가포르의 담배 가격 사례와 같이 나라마다 독특한 정책이 있을 수 있다는 점도 고려할 필요가 있습니다.

티슈가 싼 나라

앞의 표에는 없지만, 일본에서 판매하는 값이 다른 나라보다 싼 물건으로 '티슈'를 들 수 있습니다. 전 세계에서 팔고 있는 크리넥스 티슈의 가격 조사 결과를 살펴볼까요? 미국과 브라질에서 티슈 한 장당(2겹) 가격(일본 엔으로 환산한 결과)은 각각 1.11엔, 1.77엔입니다. 영국은 3겹이 1장이긴 하지만 3.7엔이나 하죠. 그에 비해 일본은 0.31엔으로 단연코 값이 쌉니다.

　일본에서는 종종 전철역 앞이나 사람이 많은 길거리에서 공짜로 나눠줄 정도로 싼데 유럽에서는 비교적 비싼 물건에 속하는 편이지요. 티슈를 아무렇게나 마구 쓰는 사람은 외국에서 티슈가 사치품이라는 사실을 알면 분명 깜짝 놀랄 겁니다. 프랑스인이 코를 풀 때 티슈를 사용하지 않고 손수건으로 푸는 이유도 티슈가 비싸기 때문은 아닐까요? '그다지 사용하지 않는다 → 가격이 비싸진다 → 점점 사용하지 않게 된다'와 같은 연쇄작용의 결과라 할 수 있지요.

　그리고 또 한 가지, 외국에서 쇼핑할 때 반드시 따져봐야 할 사항이 자국 통화의 가치(환율)입니다. 일본의 '엔화가 강세'라 함은 '엔화 가치가 오르는 것'을 의미합니다. 예를 들어 1달러=120엔이 1달러=90엔이 될 때 미국으로 여행을 간다고 가정해 볼게요. 미국에서의 호텔 숙박비, 레스토랑 식사비 등 여행 비용을 엔으로 계산하면 25% 정도 싸집니다.

　일본의 '엔화가 약세'라 함은 '엔화 가치가 떨어지는 것'을 말합니다. 1달러=90엔에서 1달러=120엔이 되면, 미국에서의 호텔 숙박비를 비롯한 각종 경비를 엔으로 환산할 때 엄청나게 비싸집니다. 따라서 엔과 달러의 환산 비율(환율)이 어떻게 변동하는지 살펴보고 엔화가 강세일 때 외국 여행을 하는 것이 유리하겠지요?

저자와 열두 살 리사의 경제 대화
[세계의 물가]

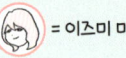 = 이즈미 미치코(저자)   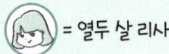 = 열두 살 리사

 물가나 통화가치는 나라마다 다릅니다. 그래서 외국에 갔을 때 '이번에는 무척 싼데, 왜 지난번에는 비쌌지?' 하며 깜짝 놀란 적이 있지 않나요?

해외여행 가서 아이스크림이 먹고 싶어 얼마냐고 물었는데, 일본 엔으로 계산하니 30엔이나 해서 깜짝 놀랐어요. 그런데 두 개를 달라고 하니 50엔에 해줘서 또 한 번 깜짝 놀란 적이 있습니다.

 앞에서 티슈 사례가 나왔는데요. 외국에 간다면 세계 각국에서 동일 제품, 즉 같은 브랜드 제품이나 체인점 물건이 얼마에 팔리는지 확인해 보는 것도 참 재미있을 거 같네요.

제가 살 수 있는 물건이라면 과자나 음료수 정도 겠네요. 하나 더 들자면 영화 관람료에도 관심이 있습니다.

 참 재미있군요. 나라별로 물가를 비교할 때는 몇 가지 조건에 맞춰 생각할 필요가 있습니다. 우선 어렵게 생각하지 말고 똑같은 물건이 얼마에 팔리고 있는지, 일본보다 싼지 비싼지 비교해 보세요.

네. 그리고 엔화가 강세일 때 물가가 저렴한 나라에 가서 마치 내가 부자가 된 듯한 기분을 맛보는 것도 좋은 경험이 될 거 같아요.

칼럼 ③ 이즈미 미치코

하루에 1달러 이하로
생활하는 개발도상국의 어린이들
[초콜릿 통해 보는 돈의 구조]

세계의 물가를 살펴보면 나라별 경제력 차이를 가늠할 수 있습니다. 나라나 지역에 따라 빈곤함에 격차가 있죠.

페어 트레이드(Fair Trade)라는 말을 들어본 적이 있나요? '페어'는 공정을 뜻하는 단어이고, '트레이드'는 거래, 교환, 무역 등을 의미합니다. 이 두 단어를 결합해 '페어 트레이드' 즉 '공정무역'이라고 하지요. 개발도상국의 원료나 물건이 정당한 값을 받고 지속적으로 무역이 이뤄지는 현상을 뜻하는 용어입니다.

한편 '정부개발원조(ODA, Official Development Assistance)'라는 단어가 있는데, 선진국 정부가 개발도상국 정부에 자금을 공여하거나 저금리로 융자해주는 것을 말합니다. 공정무역은 정부개발원조처럼 정부가 정부를 직접 지원하는 방식이 아닙니다. 선진국의 민간 기업이 개발도상국의 제품을 살 때 제값을 치르고 수입하는 게 바로 공정무역입니다. 개발도상국의 생산자나 노동자의 안정적인 생활을 지원함으로써 자립 기반을 만들어주는 셈이죠.

우리가 구매하는 대부분의 생활용품은 개발도상국 국민들의 노동과 생산 공정을 거치는 경우가 많습니다. 우리가 평소에는 의식하지 못하지만요. 그 이면에는 생계를 겨우 해결할 정도의 저임금을 받고 일하는 노동자가 대단히 많습니다. 그들은 조금이라도 가정에 보탬이 되고자 유소년 시절부터 장시간 노동에 종사하고 있죠. 그들 중 대부분은 의무교육을 받을 기회조차 박탈당한 채 우리 생활에 꼭 필요한 물건을 만들고 있습니다.

카카오 농가의 빈곤 문제

초콜릿을 살 때 여러분의 선택 기준은 무엇인가요? 가격, 포장, 맛, 제조사 등 아마 사람마다 제각각이겠죠?

초콜릿의 주원료는 카카오입니다. 카카오의 70%가 서아프리카 지역에서 생산되죠. 카카오 생산량이 가장 많은 나라는 코트디부아르이고, 그다음이 가나입니다. 두 나라에서는 현재 어떤 일이 벌어지고 있을까요? 간단히 소개해 보겠습니다.

카카오는 대부분 가족 단위의 작은 농가에서 재배합니다. 소규모 농가는 정식으로 노동자를 고용하기 어려워 어쩔 수 없이 어린 자녀에게 일을 시키는 경우가 많습니다. 하지만 가족만으로 꾸

려나가기에는 일손이 부족하죠. 부족한 노동력을 채우기 위해 카카오 농가보나 더 불우한 처지에 있는 극빈층 가정의 아이들까지 동원합니다. 그 아이들 부모에게 얼마 안 되는 돈을 주고 아이들을 데려온 후 하루 세끼만 먹여줄 뿐 제대로 된 급료도 주지 않고 중노동을 시킵니다. 사실상 인신매매나 다름없는 행위이지요. 코트디부아르와 가나는 당연히 법으로 인신매매를 금지하고 있습니다. 그러나 생활고에 시달리는 극빈층 가정은 카카오 농가에 아이를 팔지 않고는 달리 생활비를 확보할 방법이 없습니다.

카카오 농장에서 일하는 아이들은 정작 달고 맛있는 초콜릿의 맛을 모릅니다. 카카오가 공정무역으로 정당한 가격에 거래가 이뤄져야 카카오 농가에서 일하는 아이들이 영양가 높고 맛도 좋은

카카오 농장에서 일하는 소년(가나) ©ACE

식사를 할 수 있습니다.

제2차 세계대전이 끝나고 몇 년 지나지 않아 코트디부아르는 프랑스로부터, 가나는 영국으로부터 독립했습니다. 두 나라뿐 아니라 아프리카의 거의 모든 국가가 유럽 각국의 식민지였죠. 독립한 뒤에도 아프리카의 여러 나라는 여전히 빈곤에 허덕이고 있습니다. 공정무역이 생긴 배경에는 식민지 시대에 자행된 인종차별에 대한 원죄를 풀고자 하는 유럽 각국의 의사가 반영되어 있습니다.

1990년 이후 글로벌리제이션(세계적인 경영 전개라는 의미. 자유무역 체제의 확산과 각국의 개방화 추세로 경제활동에서 국경의 중요성이 사라졌다. 경제활동 무대를 특정 국가에 한정하지 않고 세계 시장을 대상으로 하는 경영 체제—옮긴이)이 진행되는 데 발맞추어, 각종 사회문제를 원만히 해결하기 위해서는 지구적 차원에서 진지하게 고민할 필요가 있습니다. 다시 말해 적어도 초콜릿을 먹을 때만이라도 카카오의 산지, 더 나아가 서아프리카의 아동 노동을 떠올려 보는 등 보다 넓은 시야를 갖추어야 하겠습니다.

밸런타인데이에 초콜릿을 선물할 때 공정무역을 떠올려 보면 어떨까요? 카카오 농가의 빈곤함과 중노동에 시달리는 서아프리카의 아이들을 다시 한 번 상기했으면 합니다.

노동의 가격

① 가사노동의 가격

② 세계의 급료

01 가사노동의 가격

집안의 누군가는 반드시 해야 하는 가사.
힘들고 귀찮은 일인데도 급료(대가)는 받지 못합니다.
가정 내의 일이라 당연시 여기는 사람이 있을지 모르지만,
왠지 불공평하단 생각이 듭니다. '집 밖(회사)에서 일하는 것'과
'집안에서 일하는 것'은 도대체 무슨 차이가 있을까요?

가사노동의 가치란?

가족의 일원이 하는 가사노동은 아무런 대가가 없습니다. 어머니와 아버지는 돈을 받지 않고 가사노동을 하지요. 하지만 사람을 불러 청소를 시키거나 보모에게 아이를 맡기면 일정 금액의 돈을 지급해야 합니다.

그렇다면 가사에도 당연히 값을 매길 수 있겠죠? 하지만 가족의 누군가가 가사를 해도 그에 상응하는 돈을 받는 경우는 거의 없습니다.

만약 가사를 돌보는 사람이 없다면 어떤 일이 벌어질까요? 식사는 편의점이나 마트에서 도시락을 사서 해결하거나 외식을 할 수밖에 없습니다. 세탁은 빨고 널고 개야 하니 일일이 손이 가 아주 귀찮지요. 빨래방을 이용할 때는 비용도 듭니다. 다시 말해 가사는 공짜로 이뤄지는 노동이지만, 가족 누군가가 하지 않으면 적잖은 돈이 들어갑니다.

최근 들어 '가사노동은 공짜가 아니다'라는 인식이 널리 퍼지고 있습니다. 내각부(우리나라의 국무조정실에 해당하는 일본의 중앙 행정기관—옮긴이)가 '무상노동의 화폐 평가'를 위해 조사를 한 적이 있는데, 가사도 포함해 값을 뽑아냈죠. 비용은 집안일을 하는 데 드는 시간에 시급을 곱해 산출했습니다.

2018년 조사에서 집안일의 시급은 1만 4,500원으로 나타났습니다. 이 금액은 기회비용이라는 개념을 적용해 정했습니다. 집안일을 하시 않고 그 시간에 다른 일을 할 때 받을 수 있는 급료를 집안일의 시급으로 간주한 거죠. 따라서 평균 시급이 오를수록 집안일의 시급도 오르고, 반대로 시급이 내려가면 집안일의 시급도 내려갑니다.

여성이 1년간 집안일에 쓰는 시간(2016년 평균 시간)은 1,313시간입니다. 여기에 시급을 곱하면 연수입은 약 1,900만 원입니다. 만약 전업주부로 하루에 10시간 동안 가사노동에 종사했다면 연간 총 노동 시간은 3,650시간(1,313시간×365일)입니다. 따라서 오른쪽 계산식에서 보듯 연수입 5292만 5,000원을 받는 사람과 같은 가치의 일을 한 셈이지요.

일본 남성이 가사나 육아에 쓰는 시간은 하루 평균 83분. 다른 선진국과 비교할 때 매우 낮은 수준이다. (2016년 일본 총무성 조사)
(※ 총무성은 우리나라의 행정안전부와 과학기술정보통신부를 합친 업무를 관장하는 일본의 중앙 행정기관-옮긴이)

시급 1만 4,500원 × 3,650시간 = 5292만 5,000원

그리고 '대체비용법(RC-G법)'이라는 별도의 계산 방법도 있습니다. 청소나 세탁을 자신이 직접 하지 않고 대행 서비스 회사에 의뢰하거나, 자녀를 어린이 돌봄센터에 맡기는 경우 그 비용이 얼마인지 계산하는 방법입니다.

이 밖에도 집안일의 값을 계산하는 방법은 더 있습니다. 가사의 가치를 합리적으로 규정하기 위해 그만큼 노력하고 있다는 방증이지요.

집안일은 섀도워크

집안일처럼 실제로는 사회적으로 꼭 필요한 노동인데 응분의 대가가 지급되지 않는 노동을 가리켜 '섀도워크(Shadow Work, 그림자 노동)'라고 합니다. 이는 오스트리아의 신학자이자 철학자인 이반 일리치(Ivan Illich)가 명명했습니다. 섀도워크에는 집안일뿐 아니라 봉사활동 등 시장에서 거래되지 않는 노동도 포함됩니다. 봉사활동에 급료를 지불하지 않는 까닭은 봉사활동에 보람을 느껴서 하는 것이지, 돈을 바라고 하는 일이 아니기 때문이죠.

게다가 섀도워커(그림자 노동자)는 특정 개인, 단체, 회사를 위해

일하지 않습니다. 예를 들면 재해를 입어 망연자실한 누군가를 돕기 위해 스스로 나서서 일하는 사람이지요. 구인 광고에 응모해 재난구조 일을 하는 사람은 섀도워커가 아닙니다. 응모를 통해 일을 시작했고 일정한 급료도 받기 때문이죠.

가사노동은 가치 있는 일입니다. 그 노동의 은혜를 입는 사람은 가족 모두예요. 가족 누군가가 맡아서 하는 집안일은 우리가 가정생활을 영위하는 데 매우 중요한 역할을 합니다.

자원봉사자(Volunteer)가 시간을 바쳐 사회에 봉사하는 것처럼 집안일을 하는 사람은 가족을 위해 날마다 고된 시간을 참아가며 무상으로 노동을 베풉니다. 이러한 섀도워크를 급료나 보수가 정당하게 지급되지 않는 노동이나 활동으로 범위를 확장해 '언페이드워크(Unpaid Work, 무상노동)'라 부르기도 합니다.

저자와 열두 살 리사의 경제 대화
【가사노동의 가격】

 = 이즈미 미치코(저자)   = 열두 살 리사

가사는 어렵고 힘든데 급료가 없습니다. 집안일이니 당연하다고 생각할 수 있지만, 매우 힘들고 고된 일이에요.

 집안일은 '무상노동'으로 분류되지만, 미국이나 유럽에서는 집안일의 가치를 돈으로 환산하기 위해 오래전부터 많은 시도를 했어요. 일본에서도 몇 가지 방법으로 계산하고 있습니다.

집안일이 공짜 노동이 아니라고 생각하는 사람이 늘었으면 좋겠어요. 누군가 그 일을 맡지 않으면 정상적인 생활을 하기 어려워질 테니까요.

집안일을 하는 쪽이나 누리는 쪽 모두 '이 일로 돈을 벌고 있다'라고 말하지 않더라도 회사에서 일하는 것과 마찬가지로 '가치 있는 일을 하고 있다'라며 이해하고 존중하는 사회 분위기가 조성돼야 합니다. 그러면 '공짜로 하는 게 당연하다'는 의식이 점점 옅어질 거예요. 당연하다는 인식을 버리고 가볍게 '고마워요'라는 말을 건네는 것도 일종의 대가로 받아들일 수 있겠죠?

집안일은 가족의 일원으로서 해야 할 중요한 일이잖아요. 그 안에는 가족을 위하는 마음과 사랑의 의미도 있다는 느낌이 들어요.

집안일은 많은 걸 배우는 기회이기도 합니다. 수업료를 내지 않고 배우는 기회이므로 틈나는 대로 거들면 좋겠어요.

02 세계의 급료

거의 모든 사람은 어른이 되면 일을 하고
급료를 받으며 생활합니다.
하지만 나라나 지역에 따라 같은 노동을 해도
급료에 차이가 있습니다. 어느 정도 차이가 있을까요?

세계의 급료 차이

　OECD(경제협력기구)에서는 매년 가맹국 35개국의 최저임금을 공표합니다. 2018년 데이터에 따르면 시급이 가장 높은 나라는 오스트레일리아로, 한국 원으로 환산하면 약 1만 3,310원입니다. 일본은 8,910원으로 11위, 최하위인 멕시코는 약 1,210원입니다.
　일본은 선진국 중에서는 매우 낮은 편이지만, 아시아 국가 중에서는 가장 높습니다. 단, 나라에 따라 물가나 생활하는 데 드는 비용이 다르고 건강보험, 교육 비용, 세금 등에도 차이가 있으므로 단순 비교할 수는 없습니다. 그러므로 '오스트레일리아는 시급이 높아서 살기 좋은 나라', '멕시코는 시급이 낮으니까 빈곤한 나라'라고 말해선 안 되겠죠?

지금은 글로벌화가 진행되어 임금이 싼 나라로 공장을 옮기는 기업이 상당히 많습니다. 한 예로, 양복을 만드는 회사가 일본과 멕시코에 똑같은 공장이 있다고 가정해 볼게요. 일본인과 멕시코인은 능력도 완전히 똑같아서 한 사람이 시간당 티셔츠 한 장을 만들 수 있습니다. 이 경우 일본에서는 8,910원의 인건비를 들여 티셔츠 한 장을 만들지만, 멕시코에서는 1,210원밖에 들지 않습니다. 인건비가 일곱 배 이상 차이 나기 때문이죠. 운송비를 감안하더라도 멕시코에서 만드는 편이 훨씬 유리하겠죠?

OECD 가맹국의 최저임금 순위(2018년)		
1위	오스트레일리아	약 13,310원
2위	룩셈부르크	약 12,980원
3위	프랑스	약 12,650원
4위	독일	약 11,990원
5위	네덜란드	약 11,440원
11위	일본	약 8,910원
12위	한국	약 8,690원
34위	브라질	약 2,420원
35위	멕시코	약 1,210원

※ 1달러를 1,100원의 환율을 적용해 환산한 시급으로 실제 원화와 차이가 있어요(OECD 조사)

햄버거로 알 수 있는 세계의 급료

'햄버거 하나를 사려면 몇 분 동안 일해야 할까?' 이 수치를 바탕으로 국가별 임금 차이를 비교한 조사도 있습니다. (영국의 경제 주간지 《이코노미스트》가 1986년 고안한 것으로, '빅맥지수'라고 한다.—옮긴이) 특정 패스트푸드 업체의 제품을 언급한 이유는 전 세계 어디를 가든 비교적 동일한 품질과 크기로 판매되고 있어 비교가 쉽기 때문이지요. 2013년 조사 결과를 보면 오스트레일리아가 18분, 도쿄는 25분입니다. 아프리카의 시에라리온에서는 136시간을 일해야 빅맥 하나를 먹을 수 있습니다.

단, 나라마다 식재료 가격이 다르고 소비세 등 따라붙는 세금도 제각각이므로 하나의 비교 척도로만 참고해야 합니다.

빅맥 하나를 사는 데 필요한 노동 시간	
오스트레일리아	18분
프랑스	22분
뉴질랜드	22분
일본	25분
인도	6시간
시에라리온	136시간

※ 2013년 UBS은행에서 실시한 조사 결과

저자와 열두 살 리사의 경제 대화
【세계의 급료】

 = 이즈미 미치코(저자)　　 = 열두 살 리사

단순 비교를 해선 안 되겠지만, 나라에 따라 임금 차이가 엄청나게 크네요.

 한 가지 예를 들면 최저임금이 가장 높은 나라는 오스트레일리아로 월급을 많이 받지만 쓰는 돈도 상당히 많습니다. 물가나 집세가 비싸 생활비가 많이 들기 때문이죠.

그렇다면 별로 부러워할 일도 아니네요.

 빅맥으로 판단하는 경우 패스트푸드 업계의 경쟁이 치열한 나라에선 가격이 싸지는 경향이 있다는 점도 반드시 참고해야 합니다.

스타벅스 커피 가격으로 비교하는 '카페라테 지수'나 아이폰 1대 가격으로 비교하는 '아이폰 지수'라는 것도 있다고 들었어요.

 아이폰 지수로 볼 때, 도쿄는 약 40시간으로 짧은 편이지만 우크라이나에서는 약 627시간을 일해야 살 수 있다고 합니다. 아무나 가질 수 있는 물건이 아닌 것 같군요.

나라에 따라서는 상당히 고가의 사치품이 될 수도 있다는 뜻이네요.

 그렇습니다. 하지만 어디까지나 하나의 지수에 불과하다는 점을 잊어선 안 됩니다.

칼럼 ④　　　　　　　　　　　　　　　　　이즈미 미치코

옷을 싼값에 팔 수 있었던 진짜 이유
[패스트 패션을 통해 보는 돈의 구조]

　일본에는 일하는 사람의 권리를 지켜주는 법률이 있습니다. 그 법률에는 일을 한 대가로 고용주는 노동자에게 임금을 지급할 의무가 있다고 규정하고 있죠. 하지만 노동자의 권리를 지켜주는 법률이 있음에도 불구하고, 매우 혹독한 노동 조건 아래서 최저임금에도 못 미치는 급료를 받으며 봉제 노동을 강요당하는 나라가 지구상엔 아주 많이 있습니다. 그런 나라에서 만든 옷이 우리가 평소에 잘 다니는 매장에 버젓이 걸려 있고, 또 우리는 그것을 아무렇지 않게 사고 있다는 사실을 알고 있나요?

　월급을 받으면 마음에 드는 옷이나 최신 유행하는 상품을 사는 걸 삶의 낙으로 삼는 사람이 적지 않습니다. 하긴 옷이나 화장품보다 여행에 더 많은 돈을 쓰는 저조차도 가끔 옷이 사고 싶어지니까요.

물론 항상 예산을 염두에 두는 건 모든 사람이 마찬가지겠죠. 그래서인지 최근 10년간 최신 유행을 따르면서 품질이 나쁘지 않은 의류를 적당한 값에 파는 매장이 속속 등장하고 있습니다.

20세기에 들어서면서 일본인은 영미권 브랜드 제품에 대해 강한 동경심을 드러냈습니다. 1986년부터 1991년까지 이어진 일본의 버블경제기에는 그 경향이 더욱 두드러지면서 행동으로 나타났죠. 유럽 여행이 유행처럼 번졌고 여행을 다녀오는 사람마다 여행 가방을 명품 브랜드의 의류, 가방, 구두 등으로 가득 채워 입국했습니다.

21세기에 들어서면서 패스트 패션(Fast Fashion, 대표적인 패스트 패션 브랜드로 스페인의 자라와 망고, 일본의 유니클로, 스웨덴의 H&M 등이 있다. 국내 브랜드로는 탑텐, 스파오 등이 있음—옮긴이)이라 불리는 유행의 물결이 의류 업계 전반으로 확산됐습니다. 패스트 패션은 '최신 유행을 반영하면서 가격은 최대한 억제해 단시간에 대량생산 및 판매하는 브랜드'를 의미하죠. 요즘 거리에서 마주치는 사람 대다수가 패스트 패션을 입고 다닌다고 해도 지나친 말은 아닐 겁니다.

패스트 패션 업체는 어떻게 유명 브랜드 제품과 쉽게 구별되지 않는 고급스러운 의류를 제공할 수 있게 되었을까요? 중국, 베트남, 방글라데시 등의 국가로 생산거점을 옮기고, 저렴한 노동력을 제공받아 대량으로 생산하기 때문입니다. 유명 브랜드 제품보다 압도적으로 값이 싼데도 얼핏 보기에 전혀 손색없는 의류를 판매하는 전략이 패스트 패션의 성장 동력이지요. 다시 말해 대량생산, 대량판매도 성공했나고 볼 수 있습니다.

개발도상국 노동자들의 인권을 중시하고 합당한 임금으로 대우하면 아무 문제가 없겠지만, 영리 추구를 최우선 과제로 삼는 기업의 속성상 인권을 무시하거나 장시간 노동을 강요하는 경우가 적지 않습니다.

아래의 사진은 2013년 3월 24일 아침 9시, 방글라데시의 수도 다카에서 일어난 8층 건물의 붕괴사고 모습입니다. 처참하기 이를 데 없어 지진과 같은 자연재해 탓으로 생각할 수도 있지만, 전혀 아닙니다.

8층 건물 라나 플라자의 붕괴사고 모습(2013년 방글라데시 다카)

'라나 플라자'라는 이름의 8층짜리 이 상업용 건물에는 봉제 공장이 입주해 있었습니다. 그곳에서 일하는 노동자 중 1,100명 이상이 죽고, 2,500명 이상이 다쳤습니다. 대참사의 희생자 대부분은 여성이었지요. 건물 벽에 난 큼지막한 균열을 보고 공장에 들어가기 꺼려한 노동자들에게 작업 감독자는 '일하지 않으면 월급도 없다'며 공장 안으로 들어가길 강요했습니다. 그 공장에서 일하다 목숨을 잃은 사람들의 월급은 한 달 꼬박 일해도 고작 3만 9,000원. 방글라데시는 하루 2달러(한화로 약 2,200원) 이하로 생활하는 빈곤층이 80%를 차지하는 아시아 최빈국 중 하나입니다.

라나 플라자의 봉제 공장은 방글라데시에서도 저임금에 시달리는 여성 노동자가 많은 곳으로 유명했습니다. 그 공장은 이름만 들으면 누구라도 아는 브랜드 제품의 의류를 만들고 있었죠. 2013년 라나 플라자 붕괴사고로 해당 업체가 방글라데시의 열악한 노동환경과 저임금에 의존해 폭리를 취하고 있었다는 사실이 만천하에 드러났습니다. 그 후 업체는 소비자들의 불매운동에 직면해 엄청난 경영 타격을 입었습니다.

우리 소비자가 끊임없이 감시의 눈을 부릅뜨고 지켜보는 것만이 '착취'라는 악덕 상습관을 근절시키는 촉매제 역할을 할 수 있다는 사실을 기억해야 합니다.

7장

판매자를 통해 보는 돈의 구조

① 광고, 홍보, 비가격경쟁

만화 ⑤ 미끼 상품이라는 게 뭐지?

01 광고, 홍보, 비가격경쟁

상품을 만들거나 매장에서 상품을 파는 사람들은 고객을 끌어모으기 위해 여러 가지 광고나 선전을 합니다. 어떤 광고를 할까요? 그리고 1장 '값이 정해지는 법'에서 다뤘던 비가격경쟁도 여기에서 다시 이야기해 볼게요.

상품을 개발할 때 중요한 것은?

　상품을 만드는 사람들은 새로운 제품 개발 시 어떤 제품이 고객의 요구에 부합할지 고민합니다. 예를 들어 스마트폰을 개발하는 회사는 동일 제품을 만드는 전 세계의 경쟁사에 뒤떨어지지 않도록 신제품이나 편리한 기능을 개발하는 데 힘씁니다. 액정화면, 카메라, 새로운 통신 환경에의 대응 등이 신제품 성능의 결정타가 되죠. 쌀이나 채소 같은 식료품의 경우 고객을 끌어들이는 방안으로 유기농 재배라는 부가가치를 더하기도 합니다.

광고의 가격

 신제품의 장점을 전달하기 위해 돈을 들여 광고하는 것도 중요합니다. 상업광고나 거리에서 배포하는 전단지와 티슈 등 홍보에도 여러 가지 형태가 있죠.

 TV나 신문을 이용한 매스미디어 광고, 전철이나 버스, 택시를 이용하는 교통 광고 외에 최근에는 유튜브 동영상 광고라든지 SNS나 인터넷 사이트의 배너 광고의 수요가 크게 늘고 있습니다.

 광고의 가격은 싸지 않습니다. TV에서 시청률이 높은 인기 방송 전후로 나오는 광고는 회당 수천만 원이나 할 만큼 비싸죠. 이용객이 많은 전철이나 역사 안에 내는 광고도 적잖은 비용을 치러야 합니다.

 그렇다면 적은 비용으로 낼 수 있는 광고에는 어떤 게 있을까

요? 가까운 예로, 아파트 엘리베이터 안의 벽이나 공동 게시판에 인근 병원, 학원, 마트, 과외 같은 광고가 붙어 있는 걸 본 적이 있을 거예요. 아파트마다 다르겠지만 1개월에 몇만 원 정도 관리실에 지급하면 광고를 낼 수 있지요. 가끔 우리집 우편함에 들어 있는 전단은 배포하는 사람의 인건비만으로도 가능하겠죠?

TV CF는 매스미디어 광고의 일종

무료 티슈와 할인 쿠폰도 광고?

거리나 쇼핑몰 앞에서 무료로 티슈를 나눠줄 때가 있습니다. 스마트폰 앱에도 슈퍼마켓이나 패스트푸드점에서 사용할 수 있는 쿠폰이 엄청 많습니다. 매장에서 이런 서비스를 마구 베풀어도 손해를 보지 않는지 궁금할 정도지요.

배포하는 티슈에는 대부분 상품 홍보나 매장의 광고 문구가 인쇄되어 있습니다. 그것을 보고 고객이 늘어나면 매장은 효과를 보는 셈이지요. 티슈를 배포하는 방식의 홍보는 광고를 내는 사람이 모든 비용을 부담합니다. 홍보하는 데 돈이 들더라도 고객이 늘면 매출이 오르기 때문에 홍보에 들인 비용을 되찾을 수 있거든요.

쿠폰도 마찬가지입니다. 사람들은 마트나 쇼핑몰에 가면 생각지도 않은 다른 물건을 함께 사거나 동행한 사람이 덩달아 뭔가를 사는 경향이 있죠. 그래서 매장이 손해 보는 일은 거의 없습니다.

새로운 방식의 광고

광고의 방식은 하루가 다르게 변하고 있습니다. 요즘은 개개인이 블로그나 SNS를 통해 다양한 정보를 아무 때나 발신할 수 있죠. 이런 추세에 발맞춰 유명인이나 인플루언서(Influencer)라 불리는 사람들(인스타그래머, 유튜버 등)이 상품을 소개하고 돈을 버는데, 이것도 광고료로 수입을 올리는 하나의 방편입니다. 반대로 광고하고 싶은 회사나 매장에서 인플루언서에게 홍보를 요청하는 경우도 있습니다. 유튜버들이 벌어들이는 수입 대부분은 동영상 방송 전후나 도중에 삽입되는 광고에서 나오죠.

영향력이 큰 사람이라면 굳이 돈까지 주고받지 않더라도 게임하는 영상이나 음식 먹는 영상을 트위터나 인스타그램에 올리는 것만으로 화제를 불러일으켜 저절로 광고 효과가 나는 경우도 적지 않습니다.

SNS가 광고가 된다

IT 기술의 발달에 따라 디지털 문화가 대세인 요즘 아날로그 방식의 광고가 효과를 발휘할 때도 있습니다. 한 가지 예로, 수험생에겐 지금도 학원 명칭을 새긴 펜이나 학원 광고 문구가 박힌 파일을 배포하지요.

　인터넷이나 스마트폰이 일상적으로 보급되면서 새로운 방식의 광고가 늘듯 앞으로는 전혀 예상치 못한 광고가 생길지도 모릅니다.

비가격경쟁이란 게 뭐지?

　비가격경쟁이란 도대체 무엇일까요? 동네 편의점이든 크고 작은 회사든 모두 시장에서 경쟁을 합니다. 그런데 경쟁에서 승패를 결정짓는 주요 요인 중 하나가 상품의 가격(값)입니다. 예를 들어 설명해 볼게요. 어머니가 토마토를 사러 상점에 갔습니다. 가장 먼저 들른 A청과물점에서는 토마토 한 개에 1,050원의 가격표가 붙어 있습니다. 조금 떨어진 곳에 있는 다른 B청과물점에서는 비슷한 크기의 토마토 한 개에 1,200원의 가격표가 달려 있습니다. 어머니는 당연히 맨 처음 들른 A청과물점로 되돌아가 토마토를 사겠지요. 이것이 가격경쟁입니다.

　이때 'B청과물점에서 파는 토마토는 가격이 비싸도 다른 것과 비교되지 않을 만큼 맛있어'라는 말을 들었습니다. 그러면 토마토의 맛이 좋고 나쁨, 즉 품질이라는 가격 외 요소가 구매자의 선택 근거 중 하나가 됩니다.

채소나 과일 같은 식료품의 품질은 맛의 좋고 나쁨, 신선도 등입니다. 건강에 좋은지 나쁜지를 선택 근거로 삼는 사람도 간혹 있습니다.

마찬가지로 연필 등 필기도구에도 품질의 차이가 있겠죠? 비가격경쟁의 선택 근거에는 품질뿐 아니라 각자의 취향이나 기호도 작용합니다. 예를 들어 필통은 디자인이나 모양 등 취향이 사람마다 제각각이죠. 또 유행을 어느 정도 반영하거나 절제할지도 비가격경쟁의 포인트 중 하나랍니다.

가격 외에도 선택의 기준이 있다

가격 이외의 요소란?

  냉장고, 세탁기, 청소기 같은 가전제품은 품질, 기능, 디자인, A/S 등 가격 외 요소가 구매자의 선택 근거가 되기도 합니다.

  다른 회사 제품에 없는 기능을 갖춘 A사의 냉장고가 있다고 가정해 볼게요. 가격이 비싸더라도 A사의 냉장고를 사는 사람이 많으면 A사는 비가격경쟁에서 이긴 셈입니다.

  물건을 사는 고객은 가격뿐 아니라 품질도 세심하게 살펴 상품을 결정하기 때문이죠. 그것을 비가격경쟁이라고 합니다.

저자와 열두 살 리사의 경제 대화
【광고, 홍보, 비가격경쟁】

 = 이즈미 미치코(저자)   = 열두 살 리사

광고하는 데 참 다양한 방법이 있다니 재밌네요.

 그렇죠. 집안에서는 TV나 잡지, 스마트폰 앱, 유튜브 등에서 광고가 나오고 밖에 나가면 거리 이곳저곳에서 광고가 보입니다.

사람의 눈이 미치는 곳 어디든 있는 거 같아요.

광고는 눈에 잘 띄어야 제 역할을 하는 거니까 그 말이 맞을지도 모르겠네요. 과거에는 티슈를 나눠 주는 사람이 참 많았는데 요즘은 많이 줄었어요. 대신 인터넷 광고가 늘고 있죠.

보고 있는 동영상이나 인터넷 사이트의 특성에 맞춘 광고가 수시로 나오니까 효과가 참 좋을 거 같아요.

최근에는 택시에 설치된 태블릿이 자동으로 고객의 얼굴을 인식하고 남성인지 여성인지 식별한 뒤 광고를 띄워요. 타깃을 정확히 인식하고 띄우는 새로운 형태의 광고가 점점 늘고 있죠.

미래에는 어떤 광고가 생길지 정말 기대되네요.

칼럼 ⑤   이즈미 미치코

E 커머스
[전자상거래를 통해 보는 돈의 구조]

    인터넷 사용 인구가 큰 폭으로 늘어나 전자상거래(EC, Electronic Commerce)가 보편화되면서 판매나 쇼핑의 형태가 다양해지고 있습니다. 그 여파로 전국 각지의 서점 수는 전과 비교할 때 눈에 띄고 줄고 있죠. 고객이 줄어 경영을 유지하기 어려워진 탓이지요. 이제는 뭔가 조사할 내용이 있으면 책을 볼 필요 없이 인터넷 검색을 통해 손쉽게 해결할 수 있기 때문입니다.

    전자책 보급과 더불어 종이책이나 잡지의 매출이 전반적으로 줄어든 것도 서점 수가 줄어든 이유 중 하나입니다. 그러나 서점 경영을 어렵게 만든 가장 큰 이유는 전자상거래로 책을 구매하는 사람이 많아졌기 때문이에요.

    E 커머스 사이트의 공룡 기업이라 할 수 있는 아마존은 1995년 온라인 서점으로 출발했습니다. 본래 책은 전자상거래에 가장

적합한 상품으로 알려져 있는데, 그 이유는 다음 네 가지로 요약할 수 있습니다.

① 재판매제도 덕분에 서적에는 정가가 명시되어 있다.
② 동일 서적은 언제 어디에서 사든 품질이 균일하다.
③ 유사품이 있을 수 없다.
④ 다른 상품에 비해 서적의 송달료는 비교적 싸다.

온라인 서점으로 출발한 아마존은 취급하는 상품을 계속 늘렸습니다. 이제 아마존에서 팔지 않는 물건은 법률상 판매가 불가능한 것 외엔 없다고 말할 정도죠. 게다가 연회비를 내고 정회원이 되면 거의 모든 상품을 무료로 배송받을 수 있습니다.

온라인 사이트가 오프라인 매장보다 유리한 점은 가격이 압도적으로 싸다는 데 있습니다. 일반 서점을 운영할 때 경비의 대부분을 차지하는 매장 임대료와 종업원의 인건비가 들지 않죠. 뿐만 아니라 아마존 같은 거대 전자상거래 업체는 큰 대리점과 마찬가지로 상품 매입 단가가 매우 저렴합니다. 대량의 상품을 날마다 배송하기 때문에 물류업체와 어떻게 교섭하느냐에 따라 배송비도 매우 싸게 계약할 수 있죠. 지역에 따라 약간의 차이는 있을지언정 주문한 다음 날이면 배송이 완료되는 경우가 많습니다. 구매자에게 무료 배송은 매우 구미가 당기는 제안이 아닐 수 없지요.

물론 오프라인 매장인 서점에서 책을 사면 나름의 장점도 있습니다. 미처 생각지 못한 아주 재미있는 책을 우연히 발견할 수 있죠. 시간을 보내기 위해 들렀는데 좋아하는 작가의 새로운 작품 출간 사실을 알고 현장 구매를 할 수도 있습니다. 자신의 세계를 넓힐 수 있는 새로운 '발견'이 서점에는 있으니까요.

최근에는 특정 장르의 책만 전문적으로 취급하는 서점이 늘고 있습니다. 자신의 취미나 성향에 맞는 서점을 발견하면 그곳에 들르는 것만으로도 몸과 마음이 편해진다는 사람들이 꽤 많습니다. 또 판매용 책을 읽으며 휴식을 취할 수 있는 북카페 형태의 서점도 속속 등장하고 있지요. 서점도 새로운 형태의 서비스를 계속 시도하고 있습니다.

이처럼 전자상거래로 취급하는 상품이 늘면서 소매업계에는 엄청난 지각변동이 일어나고 있습니다. 거슬러 올라가면 대규모(면적 500m^2 이상) 소매점을 규제하기 위한 법률이 2000년 6월 폐지되었을 때 이마트 같은 대형마트나 하이마트 같은 가전 양판점이 우후죽순처럼 생겨났습니다. 그 결과 중소 규모의 소매점은 하나둘씩 문을 닫기 시작했죠.

백화점도 영향을 받았습니다. 백화점은 상품 구성이나 품질 면에서 엄선한 제품을 취급한다는 인식이 있지만, 슈퍼마켓이나 양판점과 비교할 때 상대적으로 가격이 비쌉니다. 그래서 유명 백화점의 브랜드 이미지에 관심이 없는 사람은 집 근처의 양판점에서 의류, 가전제품, 화장품, 구두 등을 구매하는 경향이 있죠.

그렇지만 양판점의 소매업계 천하평정은 불과 15년밖에 이어지지 못했습니다. 앞에서 언급했듯 전자상거래라는 막강한 경쟁자가 출현했기 때문이죠. 한 예로 청소기를 온라인 쇼핑으로 사려는 사람은 우선 양판점의 청소기 매장에서 각종 브랜드 제품을 둘러봅니다. 그리고 매장을 황급히 나와 스마트폰으로 자주 이용하는 온라인 쇼핑몰에 접속해 조금 전 찜한 청소기를 주문하죠. 결국 가전제품의 양판점을 쇼룸처럼 활용하는 사람이 많다는 뜻입니다.

앞으로 전자상거래 시장으로의 쏠림 현상은 점점 심해질 것으로 예상됩니다. 온라인 쇼핑몰 접속이 컴퓨터로만 가능한 시대는 이미 지나갔습니다. 스마트폰이 온라인 쇼핑몰 접속을 편하게 하면서 전자상거래는 매우 짧은 시간에 규모를 키웠습니다. 아이폰이 일본에서 출시된 해는 2008년입니다. 지금 일본의 스마트폰 보급률은 85%를 넘었죠. 전자상거래가 언제까지 소매업계의 선두 자리를 지킬지 아는 사람은 아무도 없을 겁니다.

8장

구매자를 통해 보는 돈의 구조

① 효용과 가격

Story

느끼는 가치는 사람마다 제각각

서점에서 친구에게 추천받은 만화책을 구매하고 룰루랄라 집으로 돌아온 클레어. 거실에 들어와 앉기가 무섭게 만화책을 읽기 시작했어요.

"음, 뭔가 이상해. 그림체는 마음에 드는데 내용이 영 신통치 않네."

"이건 꼭 읽어 봐. 분명 엄청 재미있을 거야!"라는 친구의 추천과 표지 그림만 보고 만화책을 부리나케 사버린 클레어. 하지만 완전히 실패했죠.
클레어가 뾰루퉁한 표정을 지으며 만화책을 내려놓자 때마침 피에르가 거실로 들어섰어요.

"앗, 그거 꼭 보고 싶었는데! 인터넷에서 '첫 회만 무료 코너'로 봤는데 굉장히 재밌더라고. 그래서 사려고 했었어."

🗣️ "이런 걸 봤단 말이야? 원한다면 오빠 가져. 내가 좋아하는 스타일이 아니거든. 다음 편부터는 안 살 거야."

🗣️ "정말이야? 얼마 주고 샀어? 내가 돈 줄게."

🗣️ "아냐, 괜찮아."

🗣️ "야호!"

만화를 거저 얻게 되자 쾌재를 부르는 피에르.
클레어에겐 '효용' 없는 물건이지만 피에르에겐 있다는 뜻일까요?

01
효용과 가격

물건을 막상 사려다 망설일 때가 있습니다. 그럴 때는 값이 싼지 비싼지, 음식이라면 자기가 좋아하는 맛일지 싫어하는 맛일지, 어느 쪽이 이득일지 등을 따져서 자신의 만족 정도가 가장 큰 쪽을 사는 게 당연하겠지요? 그것을 '효용'이라고 합니다.

값에 걸맞은가?

실패한 쇼핑이란 사용한 돈에 걸맞은 효용을 얻지 못한 경우를 말합니다. 다시 말해, 구매한 상품으로부터 얻은 효용이 상품 가격의 총액 이하일 때 쇼핑은 실패한 것이 되지요.

예를 들어 클레어는 펜을 사고 싶습니다. 똑같은 펜의 가격이 A매장에서는 1,000원, B매장에서는 5,000원이라고 가정해 볼게요. 클레어가 A매장의 가격을 모른 채 B매장에서 펜을 샀다면 어느 정도의 손해를 보는 걸까요?

우선 5,000원에 펜을 샀으므로 펜의 효용에서 5,000원(펜의 값)을 뺀 만큼 이득을 얻은 셈입니다. 효용에서 값을 뺀 것을 '순효용'이라고 합니다.

A매장의 가격을 모르고 펜을 산 뒤 "5,000원은 좀 비싸지만, 글씨 써지는 느낌이 아주 좋은걸. 참 잘 산 것 같아"라며 만족스러워한다면 클레어는 손해를 보지 않은 셈이죠. 다시 말해 클레어에게는 펜의 효용이 5,000원 이상이기 때문에 얼른 5,000원을 주고 펜을 산 겁니다.

그러나 나중에 A매장에서 똑같은 펜을 1,000원에 판다는 사실을 알면 땅을 치고 후회할지도 모릅니다.

처음 샀을 때는 만족스러웠지만, 1,000원에 샀다면 클레어의 순효용은 펜의 효용에서 1,000원(펜의 값)을 뺀 만큼이 되므로 5,000원에 샀을 때보다 4,000원이나 커집니다. 결국 A매장의 가격을 알아버린 순간 클레어는 순효용을 4,000원이나 잃은 셈이죠.

기회비용이란?

클레어가 입은 손해는 과연 그뿐일까요? 좀 더 깊이 생각하면 그뿐만이 아닙니다. 도대체 어떤 손해가 또 있을까요?

클레어는 B매장에서 펜을 샀기 때문에 4,000원의 손해를 봤습니다. 여기서 생각해야 할 것은 '남은 4,000원으로 무엇을 살 수 있었을까?' 하는 점입니다.

4,000원으로 필통을 샀다고 가정해 보죠. 필통의 효용 빼기 4,000원이 필통의 순효용입니다. 하지만 클레어가 A매장의 가격을 몰랐기 때문에 필통의 순효용을 잃었습니다. 다시 말해 5,000원으로 펜과 필통을 살 기회를 놓친 셈이죠.

이런 경우를 가리켜 '클레어는 기회비용을 지불했다'라고 말합니다. 그렇다면 클레어가 지불한 기회비용, 즉 잃어버린 기회비용은 얼마일까요? 클레어는 5,000원으로 펜과 필통을 살 기회를 놓쳤습니다. 즉 총 5,000원의 기회비용을 치른 셈이죠.

시간비용이란?

최신 게임기를 사기 위해 이른 새벽부터 가전 할인마트 앞에 줄지어 선 사람들을 뉴스에서 본 적이 있습니다. 참 귀찮을 법도 한데 그 사람들은 저마다 생각이 있습니다.

게임기를 사기 위해 매장 앞에 줄 서서 지급하는 비용은 어떤 게 있을까요? 우선 게임기값이 있습니다. 그리고 줄 서서 기다리는 '시간비용'도 그냥 넘겨선 안 되죠. 다시 말해 게임기를 사기 위한 비용이란, 게임기 가격에 줄 서서 기다리는 시간비용을 더한 것을 의미합니다.

그렇다면 줄 서서 기다려 물건을 샀을 때 얻을 수 있는 효용은 무엇일까요? 우선 하나는 게임기의 효용 빼기 구입비, 즉 게임기를 사서 얻는 순효용이 있습니다. 그런데 시간비용은 계산하지 않아도 될까요?

  출시 첫날 굳이 게임기를 사기 위해 줄 서는 노력을 마다하지 않는 사람은 상당한 게임 애호가가 틀림없습니다. 매장 앞 행렬에 참가한 사람들도 대부분 게임 애호가이겠지요. 오래 기다리다 보면 귀찮기도 하거니와 당연히 몸도 지칩니다. 하지만 취미를 공유하는 사람끼리 모였으므로 이런저런 말을 주고받다 금세 이야기꽃이 피어 시간이 금방 지나갈지도 모릅니다. 즉, 행렬 속에서 기다리는 시간은 게임 애호가에게 시간비용이라기보다 오히려 아주 즐거운 시간일 가능성이 높습니다. 그러므로 시간비용은 무시해도 되지 않을까요?

행렬 속에서 기다리는 4시간을 쓸데없다고 생각하거나 힘들다고 생각하는 사람에겐 시간비용이 높게 산정될 수 있습니다. 시간비용을 순효용에서 빼면 마이너스가 되기 때문에 그런 사람은 당연히 출시 첫날 게임기를 사러 가지 않겠죠.

게임 애호가끼리 게임 관련 이야기를 나누는 것에 효용을 느끼는 사람이 있는 반면 혼자 그저 묵묵히 게임을 즐기는 사람도 있습니다. 사람들이 저마다 느끼는 효용은 다르기 때문입니다.

저자와 열두 살 리사의 경제 대화
[효용과 가격]

 = 이즈미 미치코(저자)   = 열두 살 리사

4학년 때 외국에서 엄청나게 큰 아이스크림을 산 적이 있어요. 값은 아마도 1만 원 이상 했을 거예요. 양이 너무 많아 가족 모두가 함께 먹었는데도 결국 남겼습니다.

 좋아하는 아이스크림이라 먹을 만큼 먹고 만족했지만 1만 원어치 효용은 얻지 못했다는 뜻이군요.

7,000원인가 8,000원어치 정도의 효용을 얻은 것 같으니 실패한 거나 다름없습니다. 맛은 정말 좋았고 산 바로 그 순간만큼은 참 신났지만요.

같이 먹을 사람이 한 명 더 있었거나 가족 중 많이 먹는 사람이 있었다면 아이스크림의 효용은 분명 달라졌을 거예요.

맞아요. 똑같은 물건이라도 사는 사람에 따라 효용이 다르니까요. 사람들은 참 각양각색이라는 생각이 들어요.

예를 들어 똑같은 아이스크림이라도 여름에 먹을 때와 겨울에 먹을 때 효용이 달라요. 그러니까 만족의 정도에 차이가 나기 마련입니다. 상황이 달라지면 효용도 달라지는 법이거든요.

저에겐 '엄청나게 큰 아이스크림을 샀다'는 추억으로 남아 특별한 가치가 있다는 생각에 변함은 없지만요!

칼럼⑥ 이즈미 미치코

전자화폐
[캐시리스 사회화로 본 돈의 구조]

　물건이나 서비스를 구매할 때 사용하는 것은 '돈'이죠. 돈에는 지폐와 동전이 있습니다. 일본은행은 지폐를 인쇄해 발행합니다. 일본 재무성(우리나라 기획재정부에 해당하는 중앙행정기관—옮긴이)의 조폐국은 동전을 주조하지요.

　일본인은 외출할 때 대부분 지갑에 현금을 넣고 다닙니다. 캐시리스(Cashless) 사회화가 진행되고 있지만, 외국과 비교하면 여전히 제도 정비가 미진합니다. (2018년, 캐시리스 사회화에 대한 노무라 종합연구소 조사에 따르면 한국 96.4%, 중국 60%, 일본 19.8%) 캐시리스 사회화라고 해도 한국은 신용카드, 중국은 QR코드, 유럽은 체크카드 등에 의한 결제가 주류를 이룹니다. 나라나 지역에 따라 캐시리스 방식에 차이가 있다는 뜻이지요.

　방식이야 어떻든 제각각 장단점이 있겠지만, 일본은 결제 방법

중 현금 지급 비율이 압도적으로 높습니다. 아직도 현금만 받는 곳이 적지 않죠. 왜 그럴까요? 가게가 신용카드 결제를 거부하는 한 가지 이유는 금액의 일정 부분을 카드 발행사에 수수료로 내야 하기 때문입니다. 그리고 또 하나, 일본에서는 축의금이나 부의금으로 현금을 지참하는 것이 관행처럼 굳어져 있기 때문이지요.

미국이나 유럽 각국에서는 개인 발행 수표로 물건값을 지불하는 등 아주 오래전부터 캐시리스 결제가 일상화됐습니다.

그 이유 중 하나로 미국과 유럽 국가의 치안 불안전성을 들기도 하죠. 현금이 들어 있는 지갑은 도난당하기 쉽고, 지갑을 노리는 소매치기가 곳곳에 도사리고 있으니까요. 그래서 미국이나 유럽을 여행할 때는 지갑을 잘 간수해야 합니다.

일본에도 현금 이외의 지불 수단으로 직불형 신용카드가 오래전부터 있었지만, 심사를 거친 뒤 지급 능력이 있다고 판단해야 발행해줍니다.

일본 정부는 2019년 10월에 소비세를 10%로 상향 조정하는 한편, 캐시리스 결제를 적극 권장하는 차원에서 캐시리스 결제를 하는 경우 한시적으로 2~5%의 소비세를 적용해주었습니다. 이 조치를 계기로 캐시리스 결제용 각종 스마트폰 앱이 잇따라 등장하는 등 일본의 캐시리스 사회화가 어느 정도 효과를 보고 있습니다.

그러나 저의 짧은 소견이지만, 일본은 단기간에 캐시리스 후진국이라는 불명예를 떨쳐내기는 쉽지 않아 보입니다. 그 이유는 우선 가게가 카드회사에 내는 수수료를 피하기 위해 캐시리스 결제를 되도록 회피하려는 경향이 있기 때문입니다. 또 ATM 자동화기기의 사용 편의성이 높은 점, 치안이 안정되어 도난 가능성이 낮은 점 그리고 현금에 대한 신뢰가 높은 점 등을 들 수 있죠. 따라서 어린아이부터 어르신에 이르기까지 널리 전자화폐가 보급되려면 꽤 오랜 시간이 걸릴지도 모릅니다.

[Special 인터뷰]

이 책의 바탕이 된,
원안 리포트를 쓴 구타니 리사 씨와
저자 이즈미 미치코 씨의 스페셜 인터뷰!

―― '여름방학 자유 연구 발표회'에 제출한 리포트가 이렇게 한 권의 책으로 완성됐습니다. 지금 기분이 어떠신가요?

구타니 리사 글쎄요, 그저 놀라울 따름입니다. 초등학생으로는 꿈만 같은 이야기가 아닐까요? 맨 처음 이즈미 선생님이 책을 내자며 권유하셨을 때는 그다지 실감이 나지 않았습니다. 하지만 점차 책으로 형태가 갖춰지면서 상상도 못 할 만큼 제 작품이 밑바탕에 깔려 있는 걸 확인하니 몸 둘 바를 모르겠더군요. 그러면서도 내심 기쁜 마음이 들었어요.

―― 사실 리사 씨를 처음 본 건 2005년 리사 씨가 '여름방학, 어린이를 위한 돈 세미나'에 참가했을 때였어요. 저는 문부과학성 장관 장려상을 수상한 리사 씨의 작품이 그 이후로도 오래도록 머릿속에 남아 있었어요. 그래서 제가 소속된 어린이 경제교육연구회에서 몇 번이나 소개하기

도 했죠. 아무튼 이번에 책으로 펴낼 기회를 얻게 되어 참 다행이라는 생각이 듭니다.

구타니 리사 설마 책으로까지, 하는 느낌이었어요. 다만 그 당시에도 철없이 제 분수도 모른 채 이런 내용이 세상에 알려지면 좋을 텐데, 라는 생각을 하며 만든 건 사실입니다. 그런데 15년이 지난 지금, 그 꿈이 이뤄지고 나니 그때 참 열심히 몰두한 것이 얼마나 다행인지 모르겠어요. (웃음)

── 그 기분 충분히 이해합니다. 자신이 직접 만든 리포트를 다시 읽어 보니 어떤 마음이 드나요?

구타니 리사 솔직히 말씀드려도 될까요? 나이에 맞지 않게 참 잘 썼다, 라는 생각이 들더군요. 당시의 저 자신이 정말 존경스러웠어요. 지금의 제 지적 수준과 별 차이가 없다는 게 큰 문제긴 하지만요. (웃음)

── 무슨 당치 않은 말씀을. (웃음) 그런데 초등학교 6학년 학생으로서 돈과 관련된 리포트를 쓴 건 평소 흥미가 있었기 때문인가요?

구타니 리사 당시엔 여러 방면에 흥미가 있었어요. 돈은 그중 하나였을 뿐이죠. 다만 여름방학이 점점 끝나가고 시간도 없으니 뭔가 저 자신의 경험을 활용할 수 있는 자유 연구를 해야겠다는 욕심은 있었던 것 같아요.

── 경험을 살린다?

구타니 리사 네. 여름방학 자유 연구는 그때까지의 제 경험을 바탕으로 작성했어요. 3학년 때는 산길을 걸으며 경치를 즐기면서 산맥에 대해 정리했고, 4학년 때는 양배추밭과 시장을 오가며 리포트를, 5학년 때는 증권회사에 다니며 체험한 내용을 썼습니다. 이런 내용을 전부 활용해 쓴 것이 바로 이 책의 밑바탕이 된 〈물건값에 대해 생각하다〉입니다. 처음부터 부모님의 도움 없이 순식간에 써 내려갔지요.

── 자신의 힘으로 직접 조사하고 정리하면서 썼다는 말이군요.
구타니 리사 네. 제가 알고 있는 것을 바탕으로 발상의 영역을 확장하고, 책이나 인터넷을 통해 조사하면서 썼던 것 같아요.

── 이야기 형식을 취한 이유가 특별히 있나요?
구타니 리사 글쎄요. 책을 읽거나 뭔가 쓰는 걸 좋아하니까 그 영향을 받은 거 같습니다. 게다가 내용을 알기 쉽게 꾸미기 위해 어떻게 하는 게 좋을지 무척 고민했어요. 그러다 자신의 주관만으로 설명하기 힘든 내용을 누구나 인정하는 객관적인 사실로 받아들이게 하려면 등장인물의 말을 통해 전달하는 방법이 가장 좋다고 생각했죠.

── 그 형식 자체는 유지하면서 미즈모토 사키노 씨와 모도로카 씨 두 전문가가 만화와 일러스트를 담당해주셔서 이 책의 완성도가 한층 더 높아질 수 있었습니다.
구타니 리사 정말 감사한 마음이에요.

── 원안인 리포트는 귀엽고 익살스러운 그림을 효과적으로 사용했을

뿐 아니라 구도나 배치도 아주 뛰어나다는 평가입니다.

구타니 리사 철부지 아이 때 만든 작품이라 참 쑥스럽네요. 하지만 원래 디자인이나 일러스트를 좋아했던 건 사실입니다. 대학 다닐 때도 광고 디자인을 하거나 학과 과제로 그림을 그리기도 했거든요.

—— 이 책에도 리사 씨의 일러스트가 군데군데 등장하잖아요. '저자와 열두 살 리사의 경제 대화'에 등장하는 두 사람의 아이콘 말이에요. 자세히 보니 얼굴 표정이 한 가지만 있는 게 아니더군요.

구타니 리사 사회인이 된 저 자신도 이 책에 조금이나마 도움이 되었으면 하는 마음으로 즐겁게 일러스트를 그렸어요. 그런데 점차 책으로 완성되는 과정을 지켜보며 미력하게나마 함께 참여할 수 있어서 참 영광이라는 생각이 들었습니다.

—— '열두 살 리사'의 현재 이야기, 살짝 들려줄 수 있을까요?

구타니 리사 대학은 건축학과를 다녔고 졸업 후 지금은 도시개발 업무에 종사하고 있습니다.

—— 금융이나 경제 관련 일이 아니군요. (웃음)

구타니 리사 네. 지금 돌이켜보면 특별히 좋다든가 이 길로 나아가고 싶다고 생각한 분야가 아니기 때문에 오히려 짧은 기간 동안 단번에 끝마칠 수 있지 않았나 하는 생각이 들어요. 그러고 보니 초등학교 6학년 때 꿈은 '공간 디자이너'였어요.

—— 그렇다면 지금 하는 일과 관련이 있는 것 같군요. 마지막으로 이 책은 어떻게 읽히면 좋겠다 하는 희망사항이 있나요?

구타니 리사 글쎄요. 물건값에 대해 알아가는 교재인 동시에 줄거리가 있는 이야기로 읽을 수 있지 않을까요? 그 중간 지점에 있는 책이라 생각하면서 읽으면 참 재밌을 것 같아요. 아무튼 일상에서 무엇이든 깨우치게 하는 기회로 이 책이 작용했으면 하는 바람입니다. 초등학생, 중학생 친구들이 꼭 읽었으면 좋겠어요. 경제 교과서보다 더 재미있고 쉽게 읽히지 않을까요? (웃음)

[마치며]

열두 살 아이가 뒤바꾼 나의 선입견

감수 **사와 다카미쓰**(경제학자)

 이 책의 감수를 맡은 저는 지금까지 50년 남짓 경제학자의 길을 걸어왔습니다. 주된 전문 분야는 데이터에 근거해 경제를 분석하는 계량경제학이며, 환경·에너지 경제학을 부수적인 전문 분야로 삼고 있습니다.
 그런데 이 책의 원안이라 할 수 있는, 열두 살 아이가 쓴 자유연구 리포트를 읽고 저는 적잖은 충격을 받았습니다. 그전까지 저는 '우리나라 어린이들의 경제에 대한 관심과 이해도는 미국의 같은 연령대 어린이와 비교했을 때 상대적으로 빈약하다'라는 일종의 고정관념을 갖고 있었거든요. 하지만 그런 저의 선입견이 한꺼번에 뒤바뀌었습니다.
 열두 살 리사는 우연히 저자인 이즈미 미치코 씨의 세미나에 참석한 것을 계기로 '물건값은 어떻게 정해지는가'에 관심을 갖기 시작합니다. 그리고 어느 누구의 지도도 받지 않은 상태에서 여름방학 때 조사 학습의 성과물을 작성합니다. 경제학의 핵심이라 할 수 있는 가격의 구조에 관한 리포트를, 천부적인 이해력과 뛰어난 표현력을 구사해 완벽한 작품으로 완성했습니다.

이 책을 손에 쥔 독자 여러분과 다시금 '경제란 무엇이며, 경제학이란 무엇인가'에 대해 함께 생각할 시간을 갖고자 합니다. 그래서 이 자리를 빌려 '후기' 형식의 글을 더함으로써 이 책에 경제학적 배경을 보충하는 역할을 하고 싶습니다. 제게 이보다 더 기쁜 일은 없을 겁니다.

이 책을 다 읽은 독자 여러분 중 혹시 '경제는 재밌다', '경제학을 좀 더 공부하고 싶다' 하는 마음을 가진 분은 안 계신지요. 만약 그렇다면 이 책의 원작자인 열두 살 리사가 완수한 사회공헌은 이 땅의 모든 경제학자에게 박수받을 만큼 뛰어난 업적이라 할 수 있습니다.

경제학은 왜 어려운가?

오늘날의 경제학은 영국과 미국 같은 영미권 국가에서 이론이 정립되고 실증됐습니다. 이 책의 주된 테마는 '물건값은 어떻게 정해지는가'입니다. 가격이라는 말이 있기 전부터 일상적으로 사용하는 용어로 '물건값'이 있습니다. 영어로 프라이스(Price)라고 하죠. 경제학이 미·유럽 여러 나라에서 우리나라로 처음 들어올 때 당연한 일이지만, 영문 문헌을 번역하는 데부터 출발했습니다. 그런데 맨 처음 '프라이스'를 우리말로 '물건값'이라 번역하며 경제학자들은 뭔가 적절치 않다는 생각을 했습니다. 물건값 메커니즘, 시장 물건값, 물건값 경쟁 등 일상용어가 빈번하게 등장하는 경제학에서 '프라이스'를 '물건값'으로 번역하면 왠지 학문 같은 느낌이 들지 않는다는 이유 때문이었지요. 그래서 경제학 문헌에서는 '프라이스'의 우리말 번역을 '가격'으로 정했습니다.

　영어권 국가에서는 세 살배기 유아나 경제학자도 프라이스라는 단어를 아무렇지 않게 사용합니다. 그런데 우리나라에서는 세 살배기 유아가 말하는 물건값을, 경제학자 사이에서도 낯선 단어인 '가격'으로 번역했습니다. 그 당시 문헌 번역에 힘쓴 경제학자들은 경제학의 품격을 높여 학문이라는 느낌을 풍기도록 물건값이라는 일상용어를 배제할 필요가 있다고 생각했기 때문이죠.

　마켓(Market)이라는 단어도 경제학 분야에서는 매우 중요한 위치를 차지하는 용어입니다. 지금은 마켓이라는 말이 흔히 쓰이죠. 슈퍼마켓 같은 말은 세 살배기 유아에게도 의미가 통합니다. 그러나 그 옛날 경제학을 우리나라에 처음 선보일 때만 해도 마켓의 우리말 번역은 '장터'였습니다. 그래서 경제학자들은 다시 심각한 고민에 빠졌습니다. '마켓 프라이스'의 우리말 번역을 '장터 가격'이라 해도 괜찮을까? 또 '마켓 메커니즘'의 우리말 번역을 '장터 메커니즘'이라 해야 하는가? 라고 말이죠.

그러다 누가 창안했는지는 모르지만, '도시 중심가에 장이 서는 터'라는 의미를 담아 '시장(市場)'이란 한자어를 마켓의 번역어로 대체하기로 했습니다. 확실히 '시장 가격', '시장 메커니즘'은 전문용어로 최적이라고 판단했습니다. '시장'은 이제 우리나라 경제학의 핵심 개념으로 완전히 자리 잡았습니다.

영미권 국가에서는 경제학의 전문용어와 일상용어가 완전히 동일합니다. 그래서 아이든 어른이든 나이를 가리지 않고 경제학을 매우 친숙한 학문으로 인식하죠. 하지만 우리나라에서는 경제학에서 되도록 일상용어를 배제하고 학문으로서 품격을 유지하도록 노력했습니다. 이 때문에 유감스럽게도 '경제학은 어렵다!'라는 인식이 사람들의 공통된 생각이 되고 말았습니다.

시장경제의 주역은 기업과 가계

'경제란 무엇일까'를 요약해 설명하기는 정말 쉽지 않은 일입니다. 하지만 저는 다음과 같이 설명합니다.

우선, 경제라는 극장에 참가하는 플레이어는 기업과 가계와 정부입니다. 그리고 이 플레이어들을 주역으로 출연시켜 경제라고 하는 동적인(시간 축의 움직임을 따라 변화하는) 극을 연기할 수 있는 무대를 '시장'이라고 합니다.

기업은 시장에 재화(물건)나 용역(서비스)을 공급하고, 가계는 그것을 소비하면서 수요를 일으킵니다. 용역의 예로 전철이나 버스에 의한 운송, 미용실에서 하는 머리 손질, 병원 의료, 학교 교육 등을 들 수 있습니다. 어떤 용역을 제공하든 공짜는 없으며 물건과 마찬가지로 가격이 있죠. 동일 재화 및 용역을 시장에 공급하는 기업은 한둘이 아닙니다. 생선과 같은 식재료는 물론 가공식품, 스마트폰, 가정용 전자제품, 자동차 등 모든 재화와 용역을 복수의 기업이 생산하고 공급합니다. 이 과정에서 가격, 성능, 기능, 디자인 등 장점을 부각하며 격렬한 시장 경쟁을 벌입니다.

구매자에 해당하는 가계 역시 한둘이 아닙니다. 각각의 가계는 자기 나름의 취향이 있고 한정된 예산이라는 제약 속에서 각자의 '효용(만족의 정도)'을 최대화할 수 있는 방향으로 여러 가지 재화나 용역을 시장에서 구매합니다. 수요와 공급이 서로 만나는 장소가 바로 시장이죠. 시장에서는 수요와 공급이 딱 맞아떨어지도록(팔다 남은 상품이 없고 품절되는 상품이 없게) 거래되는 재화나 용역의 가격이 일률적으로 정해집니다. 바꿔 말하면, 재화나 용역의 가격은 수요와 공급이 균형을 이루도록 하는 시장 메커니즘 기능에 의해 결정됩니다.

가계는 노동력을 기업에 제공(기업이나 관공서에서 일하는 것)하고 수입(소득)을 얻습니다. 가계의 구성원(세대주, 배우자, 자녀)은 오프라인 매장이나 온라인 매장에서 원하는 재화나 용역을 구매하죠.

살지 말지 결정하는 판단의 근거 중 하나가 각 재화나 용역의 가격입니다. 구매하는 데 드는 돈은 주로 가족 구성원 중 성인이 일해서(노동력을 기업이나 관공서에 제공해서) 번 소득입니다. 지금까지의 흐름을 지극히 단순화시켜 말하면, 시장이라는 무대 위에서 기업과 가계가 돈을 매개체 삼아 재화와 용역 그리고 노동력을 거래하는 것이 바로 경제입니다.

정부의 역할과 세금

한 가지 더 추가할 것이 있습니다. 지구촌 어떤 나라에서든 재해, 화재, 범죄 등이 빈번하게 발생합니다. 앞에서 기업과 가계 외에 정부라는, 또 하나의 플레이어가 있다고 말했습니다. 자연재해의 피해자를 구제하거나 화재 현장에서 사람을 돕거나 진화하는 일은 소방서의 역할입니다. 구급차로 환자나 부상자를 병원에 옮기는 일도 소방서의 역할이죠. 범죄가 일어났을 때 현장으로 출동해 범인을 잡거나 도망치는 범인을 추적하는 일은 경찰의 역할입니다. 사람들이 안심하고 살 수 있도록 치안과 방범에 힘쓰는 게 경찰의 역할입니다. 또 어느 나라든 국가의 안전을 지키기 위해 군대가 있습니다.

소방, 경찰, 국방이라는 세 가지 업무는 민간기업에 맡길 수 없기 때문에 정부가 담당해야 합니다. 그 외에 국회, 관청, 도청, 시청, 법원, 공립 초·중·고등학교 등의 운영도 정부가 맡아야 하는 중요한 일입니다.

소방서나 경찰의 도움을 받았다고 해서 정부가 국민에게 돈을 청구하지는 않습니다. 그러나 정부가 업무(공무)를 집행하기 위해서는 공무원의 인건비 등 막대한 돈이 필요하죠.

가계나 기업처럼 돈을 벌 수 없는데 도대체 정부는 어떻게 돈을 마련할까요? 그 대답은 바로 '세금'입니다. 개인이나 기업이 벌어들인 소득에 정부는 세금을 부과합니다. 소득세만으로는 부족하기 때문에 개인 또는 기업이 소유하는 토지, 주택, 건물 등에 재산세를 부과합니다. 술이나 담배, 자동차에도 세금이 붙죠. 부가가치세나 소비세 제도를 운용하는 나라들도 있습니다. 이러한 여러 가지 세금이 정부나 지방자치단체의 주요 수입원입니다.

경제학이란 경세제민의 학문

지금부터는 '경제학이란 무엇일까'에 대해 생각해 보겠습니다. 기업은 저마다 이익(매출 마이너스 경비)을 최대화하는 방향으로 움직입니다. 여기서 말하는 경비에 인건비, 임대료, 이자 등은 포함되지 않습니다. 제품을 만들기 위해 소요되는 원재료비 등이 경비의 대부분을 차지하죠. 기업이 이익을 최대화하는 방향으로 움직이듯 가계는 한정된 소득의 제약 아래서 각자의 효용을 최대화하는 방향으로 움직입니다.

기업이나 가계의 이런 기본적인 행동을 '합리적'이라고 표현합니다. 합리적인 기업과 가계가 시장에서 거래하는 것을 전제로 하고, 시장(가격) 메커니즘의 해명 등을 연구하는 것이 경제학이라는 학문의 과제입니다. 또 시장 불균형(재고품, 품절, 실업 등)을 해소하는 방법이나 시장이 효과적으로 기능하지 않을 때 해결 방법 등도 연구합니다.

중국 동진 시대의 의약학자이자 도교 연구가인 갈홍(283~343)의 저서를 보면 '경세제민(經世濟民)'이란 사자성어가 있습니다. '세상을 경륜해 백성을 구제한다'라는 뜻입니다. 그 후 중국 수나라의 사상가인 왕통(584~618)이 '경세제민'의 약어로 '경제' 그리고 '경제학'이라는 말을 처음 사용했습니다. 왕통이 생각한 경제학의 대상은 정치·통치·행정입니다. 앞에서 설명한 경제학과 의미가 상당히 다르지요.

사실 본래 유럽에서도 경제학은 정치·통치·행정을 위한 학문이었습니다. 고전학파 경제학자로 널리 알려진 애덤 스미스는 《국부론》(1776년)으로 유명하죠. 그는 이 책에서 개인이 오직 자신의 이익을 위해 경쟁하게 내버려두면 누가 의도하거나 계획하지 않아도 '보이지 않는 손'이 작용해 나라(사회) 전체의 부를 최대한 높일 수 있다고 역설했습니다. 바꿔 말하면 '국가는 시장경제에 간섭해선 안 된다'는 의미입니다. 이는 고전학파 '자유주의 경제'의 태동이라 할 수 있습니다.

신고전학파와 케인스학파

신고전학파의 경제학은 1870년대 오스트리아에서 발상해 영국과 미국으로 광범위하게 전개됐습니다. 고전학파 경제학의 대표자는 앞에서 언급한 애덤 스미스입니다. 사상적으로 애덤 스미스의 계파를 이어받은 새로운 경제학파라는 의미로 '신고전학파'라고 명명했죠.

시장경제에서 가격이 어떻게 결정되는지 연구하고 시장(가격) 메커니즘의 기능을 이론적으로 해명하는 과제가 신고전학파 경제학의 출발점입니다. 그런 의미에서 가격에 초점을 맞춘 이 책은 신고전학파 경제학의 입문서라 할 수 있습니다.

20세기에 접어들면서 존 메이너드 케인스라는 위대한 경제학자가 나타납니다. 그는 《고용과 이자 및 화폐의 일반 이론》(1936년)이란 저서를 통해 다음과 같이 완전히 새로운 경제학을 제안했습니다.

'신고전학파가 상정한 것처럼 시장경제는 결코 만능이 아니다. 시장에 모든 걸 맡기면 실업이라는 노동시장의 불균형과 경기변동이라는 불안정에서 벗어날 수 없기 때문이다. 불균형이나 불안정을 시정하려면 재정정책과 금융정책을 통해 정부가 시장에 개입해야 한다.'

케인스 경제학은 '경세제민' 그 자체라 할 수 있습니다. 제2차 세계대전 이후부터 지금에 이르기까지 재무 당국이나 중앙은행 정책의 근간으로 여전히 강한 영향력을 유지하고 있습니다. 재정정책의 전형적인 예로 국가 예산의 신축, 세제개혁, 실업보험, 생활보호 계층에 대한 생활비 지원, 국민건강보험, 간병보험 등을 들 수 있습니다. 우리 정부에서는 재무성과 후생노동성이 위에 열거한 재정정책을 수행하고 있습니다. 금융정책은 주로 일본은행이 담당하죠. 개인이나 기업으로부터 예탁받은 예금 중 일부는 일정 비율대로 다시 일본은행에 예금하도록 규정하고 있습니다. 일본은행이 은행으로부터 예탁받은 예금에 지불하는 금리를 '정책금리'라고 합니다. 정책금리를 인상하거나 인하하면서 시중에 도는 돈의 양을 조절하는 방식으로 인플레이션이나 디플레이션을 피하는 일이 바로 일본은행의 금융정책입니다.

열두 살 리사는 천재였다

경제학 이야기만 계속해 지루할 수 있으니, 이제 다시 이 책과 관련된 이야기를 하겠습니다. 열두 살 소녀 구타니 리사가 쓴 이 책의 원문 리포트는 이즈미 미치코 씨의 세미나에서 배운 경제학을 바탕으로 열두 살 아이의 해맑은 지성이 가미되면서 불과 1주일 만에 완성된 역작입니다. 탁월한 이해력을 바탕으로 '물건값이 정해지는 방법'을 조사하고, 거기에 상상력과 창조력, 표현력을 더한 산물이죠.

재정거래, 기회비용, 자유재, 비가격경쟁, 섀도워크 등 어려운 용어들을 정확히 이해하고 자기 나름의 스토리를 만든 그녀의 능력은 가히 천재적이라 평가해도 지나치지 않습니다.

저는 살면서 열두 살에 대학 수준의 수학을 뗐다는 천재들을 몇 차례 만났습니다. 본래 수학은 천재라 불리는 사람이 제법 많이 나타나는 학문입니다. 그 사람들은 대체로 특이한(수학적 실체의 세계를 가시화할 수 있는) 뇌 구조를 갖고 있습니다. 10만 명에 몇 사람꼴로 그렇게 특이한 뇌를 가진 사람이 있다고 하죠.

그러나 경제학의 천재, 좀 더 범위를 넓혀 사회과학의 천재라 일컬어지는 사람은 과거를 되돌아봐도 그리 흔치 않습니다. 존 메이너드 케인스는 "경제학자는 적당히 수학자이면서 적당히 철학자, 적당히 역사학자, 적당히 문학자여야 하듯 모든 학문에 조예가 있지 않으면 안 된다"는 취지의 발언을 한 적이 있습니다. 확실히 제 경험에 비추어 보더라도 위에 열거한 학문 외에 추가로 물리, 화학 등 자연과학의 이해력이 꼭 필요합니다. 경제학의 고전을 해독하든 선구적인 저서나 논문을 쓰든 말이죠.

이 책의 메인 저자인 이즈미 미치코 씨는 20년간 어린이를 대상으로 한 경제교육에 종사했습니다. 아무나 해낼 수 없는 훌륭한 업적입니다. 그로 인해 열두 살 아이의 천재성이 깨어났으니까요. 이것이야말로 이즈미 씨의 뛰어난 업적 중 하나로 손꼽을 만

하다고 생각합니다. 이 훌륭한 책의 감수를 맡겨주신 데 대해 감사드리며 이것으로 제 글을 마칩니다.

아이를 위한,
돈이란 무엇인가

초판 1쇄 발행 · 2021년 5월 14일
초판 2쇄 발행 · 2021년 6월 30일

지은이 · 이즈미 미치코
그린이 · 미즈모토 사키노, 모도로카
옮긴이 · 신현호
발행인 · 이종원
발행처 · ㈜도서출판길벗
출판사등록일 · 1990년 12월 24일
주소 · 서울시 마포구 월드컵로 10길 56(서교동)
대표전화 · 02)332-0931 | 팩스 · 02)323-0586
홈페이지 · www.gilbut.co.kr | 이메일 · gilbut@gilbut.co.kr

기획 및 책임편집 · 황지영(jyhwang@gilbut.co.kr) | 제작 · 이준호, 손일순, 이진혁
영업마케팅 · 진창섭, 강요한 | 웹마케팅 · 조승모, 황승호, 송예슬
영업관리 · 김명자, 심선숙, 정경화 | 독자지원 · 송혜란, 윤정아

디자인 · 형태와내용사이 | 편집 진행 및 교정 · 장문정
CTP출력 및 인쇄 제본 · 상지사

* 잘못된 책은 구입한 서점에서 바꿔 드립니다.
* 이 책에 실린 모든 내용, 디자인, 이미지, 편집 구성의 저작권은 길벗과 지은이에게 있습니다.
  허락 없이 복제하거나 다른 매체에 옮겨 실을 수 없습니다.

ISBN 979-11-6521-537-8 73320
(길벗 도서번호 050166)

독자의 1초를 아껴주는 정성 길벗출판사

길벗 | IT실용서, IT/일반 수험서, IT전문서, 경제실용서, 취미실용서, 건강실용서, 자녀교육서
더퀘스트 | 인문교양서, 비즈니스서
길벗이지톡 | 어학단행본, 어학수험서
길벗스쿨 | 국어학습서, 수학학습서, 유아학습서, 어학학습서, 어린이교양서, 교과서